Bibliografische Information der Deutschen Nationalbibliothek
Die Deutsche Nationalbibliothek verzeichnet diese Publikation in
der Deutschen Nationalbibliografie; detaillierte bibliografische
Daten sind im Internet über **http://dnb.d-nb.de** abrufbar.

4 3 2   C B A

Printed in Germany

© 2014 Ravensburger Buchverlag Otto Maier GmbH,
Postfach 1860, 88188 Ravensburg

Text und Konzept: Andrea Schwendemann
Illustrationen: Jochen Windecker / Ralf Bitter (Karten)
Innenlayout: www.designbox.de | Eva Poetsch

ISBN 978-3-473-55377-8

www.ravensburger.de

Ravensburger **Kinder**
WELTATLAS

Länder, Menschen, Tiere & Rekorde

Ravensburger Buchverlag

Inhaltsverzeichnis

Bevor es losgeht

Weltkarten

Kontinente und Regionen

Willkommen, lieber Weltatlas-Leser!

Kommst du mit auf einen Trip rund um die Erde, in den Amazonas-Regenwald, zu den ägyptischen Pyramiden und in die größte Stadt der Welt, nach Tokio? Was du brauchst? Nicht viel, du musst nicht einmal in ein Flugzeug steigen. Es reicht, wenn du die Reise mit deinem Finger auf der Landkarte machst. Deshalb kann das Abenteuer sofort losgehen! Doch zunächst erfährst du, wie sich die Menschen orientierten, bevor es Navigationsgeräte gab. Außerdem lernst du, wie so ein riesiges rundes Ding wie die Erde in einen kleinen, viereckigen Atlas passt. Und warum jede Karte einen Maßstab braucht.

Die Erde, aus dem Weltall von einem Satelliten aufgenommen

Vom Mammut-Zeichen im Fels bis zum Navi

Felszeichnung eines Mammuts

Landkarten sind spannend, denn sie erzählen dir Geschichten über die Erde. Doch wie war es, als unsere Vorfahren die Welt zu Fuß, mit dem Pferd oder mit dem Schiff erkundeten, ohne Landkarten und Navigationsgeräte? Vermutlich verirrten sie sich ziemlich oft. Denn woher sollten sie wissen, dass auf der anderen Seite des Ozeans die Welt nicht zu Ende war, sondern dass dort ein anderer Kontinent lag? Sie kundschafteten neue Wege aus und lernten die Erde immer besser kennen. Vor über 38 000 Jahren begannen die Menschen der Steinzeit Zeichen, zum Beispiel die Abbilder von Mammuts, auf Felswände zu malen. Das könnten die ersten Wegweiser zu guten Jagdgebieten gewesen sein.

Die erste Karte der Welt

Etwa 7400 vor Christus errichteten Menschen in der heutigen Türkei die erste Stadt der Welt, Çatal Hüyük. Die Einwohner zeichneten einen Stadtplan und damit die wahrscheinlich erste Karte der Welt: Sie malten das Abbild ihrer Häuser sowie von zwei nahen Vulkanen auf eine Hauswand.

Çatal Hüyük: im Vordergrund die Stadt, dahinter die beiden Vulkane

Die älteste Weltkarte

Einige Jahrtausende später machten sich Menschen ein Bild von der ganzen Welt. Der griechische Philosoph Anaximander zeichnete die vermutlich älteste Weltkarte im Jahr 550 vor Christus. Das Original ist leider verloren gegangen.

Weltkarte von Martin Waldseemüller

Koreanische Weltkarte

Auf die Perspektive kommt es an

Im Jahr 1402 wurde in Korea bereits eine Weltkarte gezeichnet. Sie zeigt die Erde, wie sie sich die Koreaner damals vorgestellt haben: Korea wird viel größer dargestellt als es in Wirklichkeit ist. Afrika und Europa sind dafür ganz klein.

Ein neuer Kontinent

Auf der Weltkarte des Freiburger Kartografen Martin Waldseemüller taucht 1507 erstmals das Wort „America" auf. Er gab dem Kontinent diesen Namen nach dem italienischen Seefahrer Amerigo Vespucci. Allerdings war Christoph Kolumbus vor Vespucci dort. Die wahren Entdecker Amerikas waren übrigens keine Europäer, sondern die Vorfahren der Menschen, die heute in Sibirien leben. Sie besiedelten Amerika bereits vor mehr als 15 000 Jahren.

Wie viele Kontinente gibt es?

Das Wort Kontinent stammt aus dem Lateinischen („terra continens") und bedeutet: Land, das zusammenhängt. Wie man die Erdteile zählt, darüber streiten sich die Wissenschaftler jedoch. Die meisten haben sich inzwischen auf eine Einteilung in sieben Kontinente geeinigt: Europa, Afrika, Asien, Australien/Ozeanien, Nord- und Mittelamerika, Südamerika und die Antarktis. Diese Gliederung findest du auch in diesem Weltatlas. Übrigens: Die Arktis ist kein Kontinent, weil sie nicht aus Festland besteht, sondern aus dem zugefrorenen Nordpolarmeer.

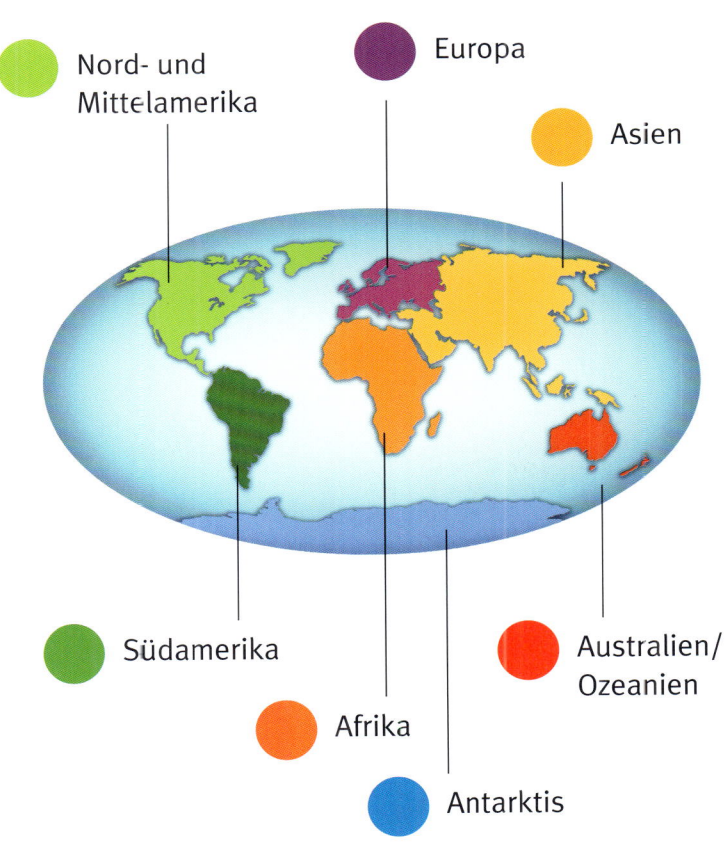

Nord- und Mittelamerika

Europa

Asien

Südamerika

Afrika

Antarktis

Australien/Ozeanien

Die ganze Welt in einem Buch?

Es ist gar nicht so einfach, die Erdkugel mit ihrem Umfang von 40 000 Kilometern in einem rechteckigen Buch darzustellen. Dafür müssen Kartografen einige Tricks anwenden. Kartografen sind Wissenschaftler, die Landkarten, Wanderkarten oder Stadtpläne zeichnen.

Die genaueste Art, die Erde darzustellen, ist der Globus, weil er dem Original in seiner Form ähnelt.

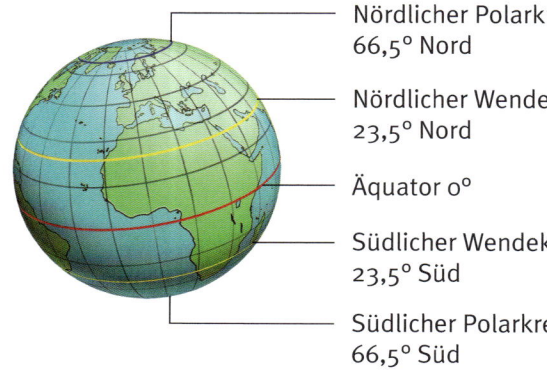

Nördlicher Polarkreis
66,5° Nord

Nördlicher Wendekreis
23,5° Nord

Äquator 0°

Südlicher Wendekreis
23,5° Süd

Südlicher Polarkreis
66,5° Süd

Warum hat der Globus Linien?

Ein Globus ist mit einem gedachten Gitternetz überzogen, so kannst du jeden Ort auf der Erde finden. Die waagrechten Linien heißen Breitenkreise, es gibt 180 von ihnen. Der bekannteste ist der Äquator, der die Erde in eine Nord- und eine Südhälfte teilt. Dann gibt es noch 360 senkrechte Linien, sie heißen Längenkreise. Nicht alle Linien werden aufgezeichnet, sonst könntest du auf deinem Globus kaum noch etwas erkennen.

Vom Globus zur Karte

Wie schaffen es die Wissenschaftler, die Oberfläche der runden Erde auf einer flachen Karte darzustellen?

1.

Schon klar, die Erde ist keine Orange. Aber stell dir mal vor, sie wäre eine.

2.

Dann könnte man ihre Oberfläche ganz einfach abschälen.

3.

Man würde aber schnell feststellen, dass keine durchgängige Fläche entsteht, wenn man die Schale auf einen Tisch legt. Die Schale reißt, die Weltkarte hat Lücken.

Mit Karte und Kompass

Hast du diese beiden Hilfsmittel dabei, kannst du dich nicht verlaufen. So geht's: Auf der Karte ist Norden immer oben. Wo in der Natur Norden ist, zeigt dir der Kompass: Drehe ihn so lange, bis die Spitze der Kompassnadel auf den Buchstaben N, also Norden zeigt. Jetzt weißt du, wo Süden, Westen und Osten liegen.

4.

Damit eine Karte entsteht, müssen Kartografen diese „Löcher" füllen. Dazu zerren sie an den Landmassen, dehnen oder stauchen sie. Das Ergebnis dieser Arbeit nennt man Projektion.

Natur als Wegweiser

Wenn Kompass und Karte zu Hause liegen, hilft dir die Natur. Zum Beispiel Bäume. Bei uns weht der Wind nämlich meistens aus Westen. Deshalb neigen sich Pflanzen in Richtung Osten, sie werden von Sturm und Regen dorthin „gedrängt".

Navi in, Karten out?

Braucht man eigentlich noch Karten? Es gibt doch Navigationsgeräte! Damit findest du deinen Weg bei jeder Fahrradtour. Deine Eltern kurven mit dem Navi durch eine fremde Stadt. Die Antwort heißt trotzdem: Ja, wir brauchen noch Karten. Denn sie funktionieren bei Regen, wenn der Akku deines Handys leer ist oder wenn die Satelliten ausfallen – und vor allem geben sie einen Überblick über das große Ganze. Und natürlich können auch die Navigationsgeräte selbst nicht ohne Karten den Weg weisen.

So funktioniert ein Navi

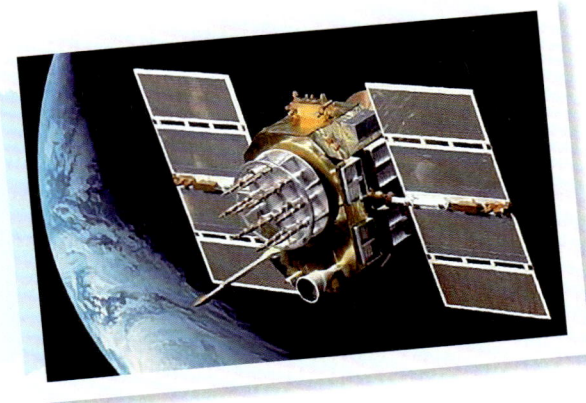

Mehr als dreißig GPS-Satelliten umkreisen unsere Erde in einer Höhe von 20 000 Kilometern. GPS (sprich: Dschi-Pi-Ess) ist die Abkürzung für „Global Positioning System", was auf Deutsch „globales System zur Ortsbestimmung" heißt. Die Satelliten schicken Signale an Mini-Computer, die Navigationsgeräte. Die Navis berechnen die genaue Position und zeigen sie auf einem Bildschirm an.

Was ist der Maßstab?

Der Maßstab gibt an, um wievielmal kleiner die Karte gegenüber der Wirklichkeit ist. Ein Beispiel: Der Maßstab 1:10 000 bedeutet, dass ein Zentimeter auf der Karte 10 000 Zentimetern, also 100 Metern, in der Natur entspricht.

Mit der Maßstabsleiste kannst du Entfernungen auf der Karte abmessen.

1.

Hier siehst du den Berliner Reichstag in einer Luftbildaufnahme in einem Maßstab von 1:2500 (1 Zentimeter auf der Karte = 2500 Zentimeter = 25 Meter in der Wirklichkeit).

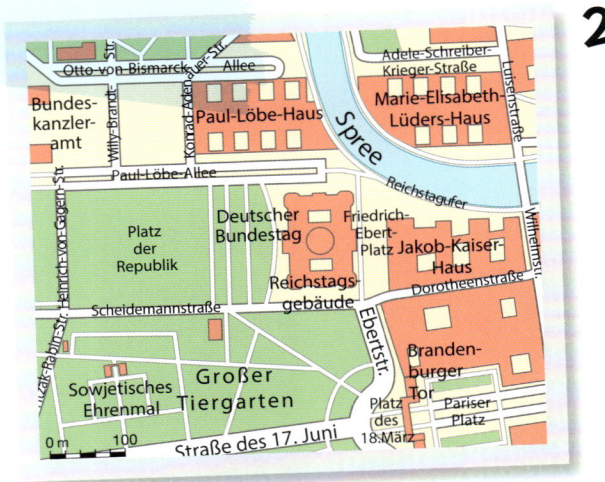
2.

So sieht der Reichstag auf einem Stadtplan mit dem Maßstab 1:10 000 aus (1 Zentimeter auf der Karte = 10 000 Zentimeter = 100 Meter in der Wirklichkeit).

3.

Auf dieser Deutschlandkarte kannst du zwar noch Berlin entdecken, aber nicht mehr den Reichstag. Die Karte hat einen Maßstab von 1:6 000 000 (1 Zentimeter auf der Karte = 60 Kilometer in der Wirklichkeit).

4.

Auf der Weltkarte mit dem Maßstab 1:50 000 000 ist Berlin nur noch ein kleiner Punkt (1 Zentimeter auf der Karte = 500 Kilometer in der Wirklichkeit).

Karten lesen, wie geht das?

Ein Buch liest du und eine Karte schaust du nur an? Nein, auch in Landkarten kannst du richtig schmökern. In ihnen stecken unglaublich viele Informationen. Du erfährst, wo Städte, Flüsse und Berge liegen und wie weit sie voneinander entfernt sind, ob es an einem Ort kalt ist oder heiß, ob es viel oder wenig regnet. Um diese Informationen zu verstehen, helfen dir die Legenden. Auch für diesen Atlas gibt es eine Legende.

Legende

～	Fluss	▼ -10542 m	Meerestiefe
	See	Kreta	Landschaftsname und Inselname
Elbe	Gewässername	———	Staatsgrenze (Land)
ኒ	Wasserfall	- - - - -	Staatsgrenze (Wasser)
▲	Berg	**POLEN**	Staatsname
Mt. Everest 8850 m	Bergname und -höhe	**Oslo** ★	Hauptstadt
Alpen	Gebirgsname	Köln ●	Millionenstadt
～	Korallenriff	Miami ●	Stadt unter 1 Million Einwohner

Kartensymbole

Diese Symbolen zeigen dir auf der Karte, wo es etwas Spannendes zu entdecken gibt:

 Sehenswürdigkeit

 Rekord

 Das kommt von hier

 Tier

 Pflanze

 Mensch

 Abenteuer/Gefahr

 Essen

 Sport

Bist du ein Ratefuchs? Dann ist dieser Atlas genau richtig für dich. Auf vielen Seiten findest du *Knobelkästen*. Viel Spaß!

Was für Karten gibt es?

In diesem Atlas kannst du in unterschiedlichen Karten stöbern. Du findest Karten mit den geografischen Besonderheiten, auf denen du Flüsse und Seen, Berge und Täler entdecken kannst. Die Kartografen sprechen von **physischen Karten**. Auf diesen Seiten erfährst du viele spannende Dinge über Landschaft, Natur und Tiere.

Außerdem gibt es **politische Karten**, die die Lage und die Grenzen von Staaten zeigen sowie die Haupt- und Millionenstädte. Hier stehen die Länder und Menschen im Vordergrund.

Politische Karte

Physische Karte

13

Welt-Rekorde

Wo liegt das längste Gebirge? Wo fährst du hin, wenn du mal richtig schwitzen möchtest? Wo kannst du den größten Gletscher bewundern? Entdecke die Rekorde der Erde auf dieser physischen Karte!

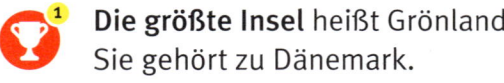 **Die größte Insel** heißt Grönland. Sie gehört zu Dänemark.

🏆¹¹ **Die trockenste Gegend** der Welt liegt in der Atacamawüste in Chile. Als es 1971 dort einmal regnete, endete eine 400 Jahre andauernde Dürre. ↙

🏆¹⁰ Der Amazonas-Regenwald ist **der größte und artenreichste Regenwald** der Erde.

🏆⁹ **Das größte Sumpfgebiet** ist das Pantanal in Brasilien. ↙

🏆⁸ **Das längste Gebirge** sind die Anden. Sie ziehen sich 7500 Kilometer durch Südamerika. ↓

Königin-Elisabeth-Inseln
Ellesmere-Insel
Grönland
Beaufort-see
Victoria-Insel
Baffin Bay
Baffin-Insel
Isla
Alaska
NÖRDLICHER POLARKREIS
Großer Bärensee
Denali 6194 m
Alaskakette
Großer Sklavensee
Hudson Bay
Labrador-see
Golf von Alaska
Labrador
Neufund-land
Aleuten
Küstengebirge
Rocky Mountains
NORD-AMERIKA
Oberer See
Mackenzie
Sierra Nevada
Great Plains
Missouri
Niagara-fälle
Appalachen
Mississippi
Azoren
ATLANTISCHER OZEAN
Madeira
Kanarische Inseln
NÖRDLICHER WENDEKREIS
Hawaii-Inseln
Sierra Madre
Golf von Mexiko
Kuba
Pico de Orizaba (Citlaltépetl) 5610 m
Große Antillen
Karibisches Meer
Kapverdische Inseln
ÄQUATOR
Galápagos-inseln
Llanos
Salto Ángel
Bergland von Guayana
Amazonas
Amazonasbecken
Anden
SÜD-AMERIKA
Brasilianisches Bergland
Polynesien
PAZIFISCHER OZEAN
Pantanal
SÜDLICHER WENDEKREIS
Atacama
Gran Chaco
Iguazú-fälle
ATLANT OZE
Aconcagua 6960 m
Anden
Pampa
Patagonien
Falkland-inseln
Südgeorgien
Feuer-land
Kap Hoorn
Weddellmeer
SÜDPO

🏆**2** Das Kaspische Meer ist kein Meer, sondern **der größte See** der Welt. Seine Fläche ist größer als Deutschland. →

🏆**3** **Die tiefste Höhle** ist die Voronya-Höhle in Georgien. 2191 Meter geht es dort in den Erdboden hinein.

...DPOLARMEER

Sewernaja Semlja

Franz-Josef-Land

Spitzbergen

Nowaja Semlja

Karasee

Taimyr-Halbinsel

Laptewsee

Neusibirische Inseln

Ostsibirische See

Nordkap

Lapp-land

Barentssee

Jamal-Halbinsel

Gydan-Halbinsel

Nordsibirisches Tiefland

Ostsibirisches Tiefland

NÖRDLICHER POLARKREIS

...opäisches ...ordmeer

Skanden Skandinavien

Ladoga-see

Onega-see

Mittelsibirisches Bergland

Werchojansker Gebirge

Ost-see

Osteuropäische Tiefebene

Ural

Westsibirisches Tiefland

Jenissei

Sibirien

Lena

Beringmeer

Nord-see

...he ...sel

EUROPA

Wolga

Ob

Irtysch

ASIEN

Baikalsee

Amur

Ochotskisches Meer

Sachalin

Kamtschatka

Mont Blanc 4810 m

Alpen

Donau

Elbrus 5642 m

Kaspische Senke

Aral-see

...land von Turan

Altai

Balchaschsee

Mandschurei

Hokkaido

Kurilen

Balkan-halbinsel

Schwarzes Meer

Kaukasus

Kaspisches Meer

Tian Shan

Tarim-becken

Gobi

Honshu

Zagrosgebirge

🏆3 🏆2 Elburs

Hindukusch

K2 8611 m

Kunlun Shan

Hochland von Tibet

Huang He

Große Ebene

Ost-chines. Meer

Kyushu

Der höchste Berg ist der Mount Everest mit 8848 Metern. 🏆**4**

Mittelmeer

🏆7

Arabische Halbinsel

Rotes Meer

Himalaja

Jangtsekiang

Südchinesisches Bergland

NÖRDLICHER WENDEKREIS

...as

🏆6

Libysche Wüste

Nil

Fessan

Arabische Halbinsel

Thar

Ganges

Mt. Everest 8848 m 🏆4

Ahaggar

...a h a r a

Tibesti

Aïr

Rub al-Chali

Indien

Dekkan

Golf von Bengalen

Mekong

Taiwan

PAZIFISCHER OZEAN

Luzon

Philippinensee

...a h e l

Niger-becken

Tschad-becken

Darfur

Hochland von Äthiopien

Arabisches Meer

Süd-chines. Meer

Mindanao

Mikronesien

ÄQUATOR

AFRIKA

Niger

Sri Lanka

Malediven

Borneo

Golf von Guinea

Kongo-becken

Victoria-see

Kongo

Kilimandscharo 5895 m

Seychellen

INDISCHER OZEAN

Sumatra

Javasee

Puncak Jaya 4884 m

Neuguinea

Salomon-Inseln

Tanganjika-see

Java

Bandasee

Katanga-plateau

Malawi-see

Komoren

Arafurasee

Korallen-see

Fidschi-Inseln

Victoria-fälle

Madagaskar

Maskarenen

Neukaledonien

Namib

Kalahari

Drakensberge

SÜDLICHER WENDEKREIS

AUSTRALIEN

Große Sandwüste

Great Dividing Range

Kap der Guten Hoffnung

Große Victoriawüste

Große Australische Bucht

Tasman-see

Das Tote Meer liegt 400 Meter unter dem Meeresspiegel und ist somit **der tiefste Punkt der Erde.** 🏆**7**

Tasmanien

Neu-seeland

0 km — 5000

Die größte Wüste ist die Sahara. Sie bedeckt ein Drittel der Fläche Afrikas. 🏆**6**
↓

Der Lambertgletscher ist **der längste und größte Gletscher.** Er liegt in der Antarktis, ist 420 Kilometer lang und etwa 130 Kilometer breit. 🏆**5**

...ARMEER

🏆5

SÜDLICHER POLARKREIS

... TARKTIKA

Länder-Rekorde

Mehr als sieben Milliarden Menschen leben auf der Erde. Sie bauen Häuser, große Straßen, faszinierende Städte, gründen Staaten. Kurz: Sie gestalten den Planeten. Die wichtigsten Rekorde findest du auf dieser politischen Karte.

🏆 1 **Die nördlichste Hauptstadt** ist Reykjavík. Sie liegt etwa 270 Kilometer südlich des nördlichen Polarkreises. →

🏆 13 Die Panamericana ist mit 26 000 Kilometer **die längste Straße** der Welt. Sie führt von Alaska im Norden bis zur Südspitze Chiles. ←

🏆 12 **Die längste Grenze zwischen zwei Ländern** trennt die USA und Kanada: 9000 Kilometer.

🏆 11 **Das kleinste Land der Welt** ist der Vatikanstaat: Er ist nur so groß wie 50 Fußballplätze – manches Einkaufszentrum in den USA ist größer!

🏆 10 ← Sie ist der Gipfel: Quito ist **die höchstgelegene Hauptstadt** der Welt und liegt in einem Tal der Anden auf 2850 Metern.

🏆 9 Ein trauriger **Minusrekord**: Fast jeder dritte Mensch in Afrika ist unterernährt.

NÖRDLICHER POLARKREIS
Alaska (USA)
Grönland (DÄNEMARK)
ISLA
Reykjavík
KANADA
Ottawa
VEREINIGTE STAATEN VON AMERIKA
Washington
ATLANTISCHER OZEAN
POR
Lissa
IR
NÖRDLICHER WENDEKREIS
Hawaii (USA)
MEXIKO
Mexiko-Stadt
Havanna
KUBA
BAHAMAS
HAITI
DOMINIKAN. REPUBLIK
JAMAIKA
Kingston
BELIZE
GUATEMALA
EL SALVADOR
HONDURAS
NICARAGUA
COSTA RICA
San José
PANAMA
Panama-Stadt
Caracas
VENEZUELA
KOLUMBIEN
Bogotá
Quito
ECUADOR
ST. KITTS U. NEVIS
ANTIGUA U. BARBUDA
DOMINICA
ST. LUCIA
BARBADOS
ST. VINCENT U. D. GRENADINEN
GRENADA
TRINIDAD U. TOBAGO
Georgetown
GUYANA
SURINAM
Französisch-Guayana (FRANKR.)
WESTSA
MAURE
Nouakchott
KAP VERDE
SENEGA
GAMBIA
GUINEA-BISSAU
GUINE
SIERRA LEO
LIE
ELFENE
SÄ
ÄQUATOR
KIRIBATI
PAZIFISCHER OZEAN
PERU
Lima
BRASILIEN
Brasília
BOLIVIEN
Sucre
COOK-INSELN
Französisch-Polynesien (FRANKREICH)
SÜDLICHER WENDEKREIS
PARAGUAY
Asunción
CHILE
Santiago
Buenos Aires
ARGENTINIEN
URUGUAY
Montevideo
ATLANT
OZ
0 km
Falkland-inseln (G.-B.)

16

Das am dünnsten besiedelte Land ist die Mongolei. Hier leben nur 1,7 Menschen pro Quadratkilometer.

Das Land mit den meisten Nachbarn ist China: Vietnam, Laos, Myanmar, Bhutan, Nepal, Indien, Pakistan, Afghanistan, Tadschikistan, Kirgisistan, Kasachstan, Russland, Mongolei und Nordkorea.

Der Großraum Tokio gilt mit über 37 Millionen Einwohnern als **größte Stadt** der Welt. Es leben dort etwa so viele Menschen wie in Kanada, dem zweitgrößten Land der Welt.

Die **südlichste Hauptstadt** der Welt heißt Wellington in Neuseeland.

In Uganda lebt **die jüngste Bevölkerung**. Mehr als die Hälfte der Menschen sind jünger als 14 Jahre.

Jeder dritte Mensch lebt in China (1,3 Milliarden) oder Indien (1,1 Milliarden). Im Jahr 2030, so wird geschätzt, wird Indien jedoch mehr Einwohner haben als China.

Australien ist das sechstgrößte Land der Erde. Dort leben nur 23 Millionen Menschen. Dafür hüpfen etwa **66 Millionen Kängurus** durch das Outback.

Klima-Rekorde

Kennst du den Unterschied zwischen Wetter und Klima? Schau aus dem Fenster: Scheint die Sonne, ziehen Wolken am Himmel oder regnet es? Das, was du gerade siehst, ist das Wetter, das sich täglich ändern kann. Als Klima hingegen bezeichnet man das typische Wetter an einem bestimmten Ort über einen längeren Zeitraum hinweg.

🟢 **Tropisches Klima:** Nördlich und südlich des Äquators ist es immer heiß und feucht. In dieser Gegend wachsen Regenwälder. ↓

🔴 **Gebirgsklima:** Auf den Gipfeln der Berge ist es kälter, feuchter und windiger als in den Tälern der gleichen Klimazone. ↓

🏆⁴ Schwitz! **Die höchste Lufttemperatur,** die je gemessen wurde: 56,7 Grad im kalifornischen Death Valley im Jahr 1913.

🏆¹ **Der nasseste Ort:**
In Mawsynram in den Khasi-Bergen in Indien regnet es im Jahr durchschnittlich 12 000 Liter auf einen Quadratmeter. Würde diese Menge auf einmal herunterprasseln, stünde das Wasser 12 Meter hoch in den Straßen.

NORDPO

NÖRDLICHER POLARKREIS

NORD-AMERIKA

NÖRDLICHER WENDEKREIS

ATLANTISCHER OZEAN

ÄQUATOR

PAZIFISCHER OZEAN

SÜD-AMERIKA

SÜDLICHER WENDEKREIS

SÜDLICHER POLARKREIS

Das Klima hängt nicht nur von der Nähe zum Äquator ab, sondern auch von der Höhenlage. Je höher ein Ort liegt, desto kälter ist es dort. Auch die Nähe zum Meer beeinflusst das Klima, weil Wasser Wärme und Kälte speichert. Große Mengen Wasser erwärmen oder kühlen die Gebiete an den Küsten.

⬜ Polarklima
🟦 Kaltes Klima
🟩 Gemäßigtes Klima
➰ Gebirgsklima

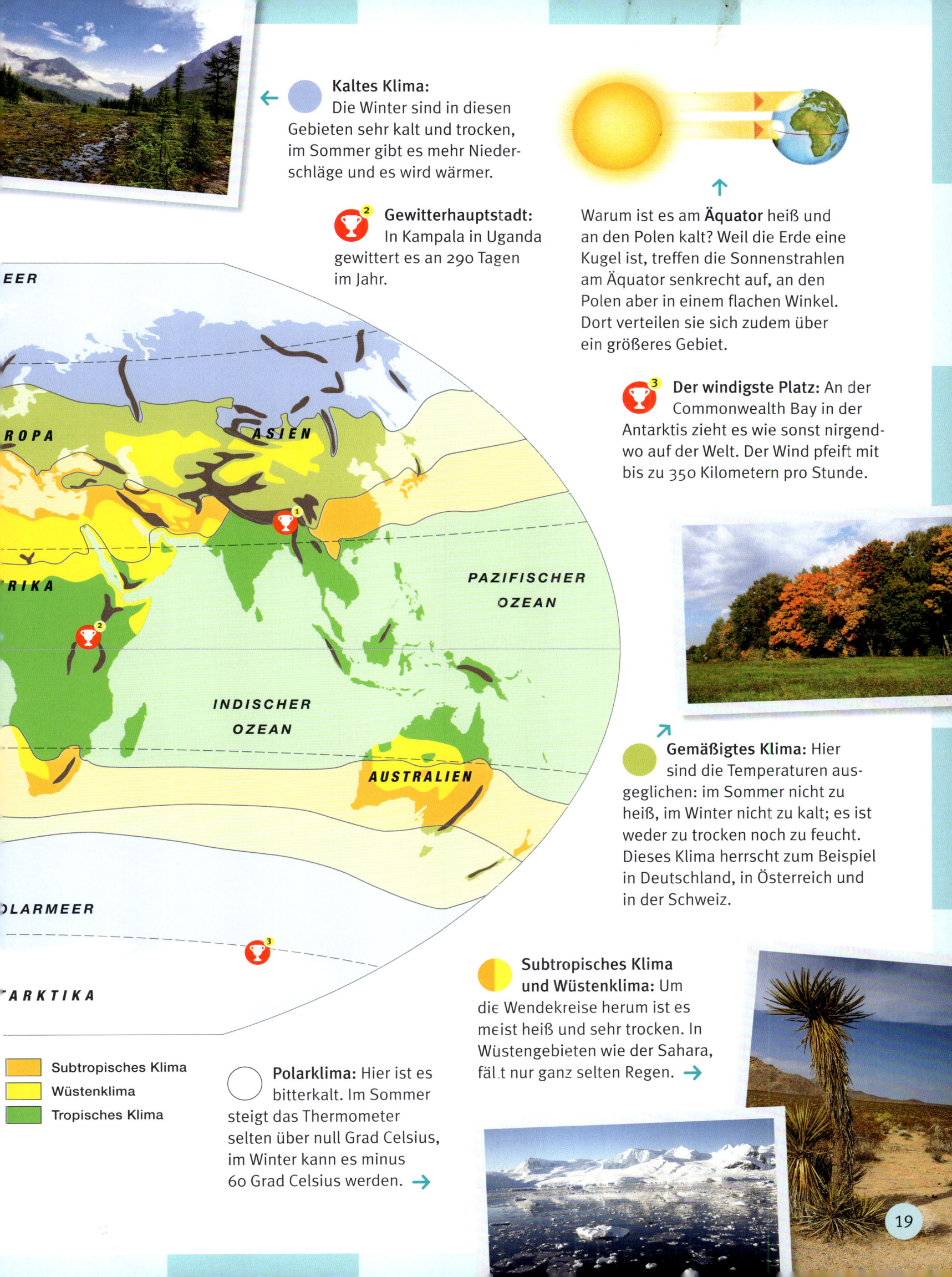

Kaltes Klima:
Die Winter sind in diesen Gebieten sehr kalt und trocken, im Sommer gibt es mehr Niederschläge und es wird wärmer.

Gewitterhauptstadt:
In Kampala in Uganda gewittert es an 290 Tagen im Jahr.

Warum ist es am **Äquator** heiß und an den Polen kalt? Weil die Erde eine Kugel ist, treffen die Sonnenstrahlen am Äquator senkrecht auf, an den Polen aber in einem flachen Winkel. Dort verteilen sie sich zudem über ein größeres Gebiet.

Der windigste Platz: An der Commonwealth Bay in der Antarktis zieht es wie sonst nirgendwo auf der Welt. Der Wind pfeift mit bis zu 350 Kilometern pro Stunde.

Gemäßigtes Klima: Hier sind die Temperaturen ausgeglichen: im Sommer nicht zu heiß, im Winter nicht zu kalt; es ist weder zu trocken noch zu feucht. Dieses Klima herrscht zum Beispiel in Deutschland, in Österreich und in der Schweiz.

Subtropisches Klima und Wüstenklima: Um die Wendekreise herum ist es meist heiß und sehr trocken. In Wüstengebieten wie der Sahara, fällt nur ganz selten Regen.

Polarklima: Hier ist es bitterkalt. Im Sommer steigt das Thermometer selten über null Grad Celsius, im Winter kann es minus 60 Grad Celsius werden.

Subtropisches Klima
Wüstenklima
Tropisches Klima

EER

ROPA

ASIEN

RIKA

PAZIFISCHER OZEAN

INDISCHER OZEAN

AUSTRALIEN

OLARMEER

ARKTIKA

Meer-Rekorde

Aus dem Weltall betrachtet erscheint unsere Erde blau. Kein Wunder, sie besteht zu zwei Dritteln aus Wasser und wird deshalb auch der „blaue Planet" genannt. Das viele Nass steckt voller Geheimnisse: Wissenschaftler schätzen, dass darin etwa zehn Millionen Tier- und Pflanzenarten leben, doch bislang sind erst 300 000 bekannt. Und der Rest? Die warten darauf, entdeckt zu werden!

🏆**1** Sprungweltmeister: Der **Delfin** springt bis zu sieben Meter aus dem Wasser. →

🏆**9** Der zweitgrößte Ozean ist der **Atlantik**, der etwa halb so groß wie der Pazifik ist. Für uns unsichtbar liegt hier die größte Bergkette der Welt, der **Mittelatlantische Rücken**. Dieser erstreckt sich über ↓ 20 000 Kilometer.

↑ ☠ Ein gigantischer **Teppich aus Plastikmüll** schwimmt im Pazifik. Forscher schätzen, dass er etwa zweimal so groß ist wie Deutschland. Für Seevögel, Robben, Schildkröten und Fische ist der Müll eine große Gefahr, weil sie sich daran verletzen können.

🏆**8** Das **Süd-polarmeer** ist das zweitkleinste Meer und umschließt vollständig den südlichsten Kontinent, die Antarktis. ↓

Karte:

Lomonossowrücken — NORDPO

Kanadisches Becken

Beaufort-see

Baffin Bay

Hudson Bay

Labrador-becken

Aleutengraben — Golf von Alaska

NORD-AMERIKA

West-europäisches Becken

Neufundland-becken

Nordostpazifisches Becken

Hawaiirücken

Neckerrücken

Nord-amerikanisches Becken

Mittelatlantischer Rücken

Kanarisches Becken

Christmasrücken

Golf von Mexiko

Milwaukeetief -9219 m

Puerto-Rico-Graben

🏆**9** Kapverdisches Becken

Zentral-pazifisches Becken

Mittelamerikagraben

Karibisches Meer

ATLANTISCHER OZEAN

🏆**1**

☠

Guatemala-becken

PAZIFISCHER OZEAN

SÜD-AMERIKA

🏆**6** Brasilianisches Becken

Peru-becken

Ostpazifischer Rücken

Perugraben

Atacamagraben

Mittelatlantischer Rücken

-10882 m

Sala-y-Gómez-Rücken

🏆**7**

Chileschwelle

Argentinisches Becken

Kermadec-graben

-10047 m

Louisvillerücken

Südpazifisches Becken

Südantillenbecken

Südsandwich-graben

Atla SÜ

Pazifisches Südpolarbecken

Weddell-meer

Wie viele Meere gibt es? Genau genommen: eins. Die gigantische salzige Wassermasse ist miteinander verbunden und ständig in Bewegung. Getrennt wird sie durch die Kontinente, durch Meeresrücken und große Gräben unter Wasser. Üblicherweise unterscheiden Forscher jedoch fünf Ozeane und ihre Nebenmeere.

Der **Marianengraben** im Pazifik ist mit 11 034 Metern die tiefste Stelle unserer Ozeane. Er ist damit viel tiefer als der Mount Everest hoch ist.

🏆 **2**

🏆 **3** Das **Nordpolarmeer**, auch Arktischer Ozean genannt, ist der kleinste Ozean. Im Winter ist die Wasseroberfläche fast vollständig gefroren und bildet die Arktis. →

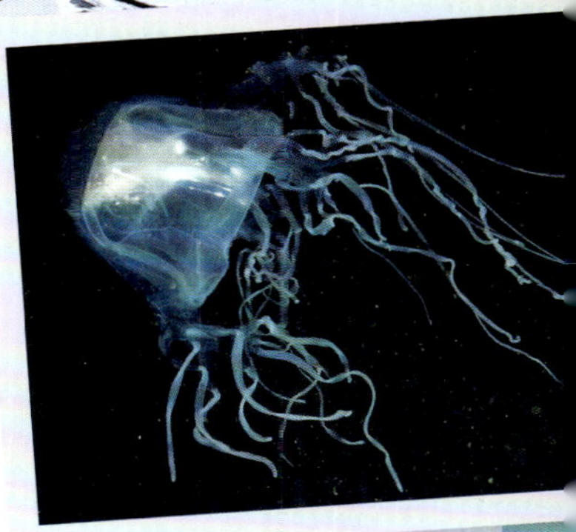

🏆 **4** Der drittgrößte Ozean ist der **Indische Ozean**. Große Teile liegen in den Tropen, deshalb ist er der wärmste Ozean.

🏆 **5** **Giftige Seewespe:** Sie schwimmt vor der Küste Australiens und gilt als eines der giftigsten Tiere der Welt. Diese Qualle trägt so viel Gift in sich, dass sie theoretisch 250 Menschen auf einmal töten könnte.

🏆 **6** Der **Blaue Marlin** ist der schnellste Fisch. Er peitscht mit 110 Kilometern pro Stunde durch den Atlantik. Zum Vergleich: Die schnellsten Menschen schwimmen etwa sieben Kilometer in der Stunde.

🏆 **7** Der Gigant unter den Ozeanen: Der **Pazifik** ist größer als alle Kontinente und Inseln zusammen und wird auch Stiller Ozean genannt. Diesen Namen gab ihm der portugiesische Seefahrer Ferdinand Magellan, der im Jahr 1520 auf einem „stillen" Ozean segelte. Allerdings ist der Pazifik keineswegs immer friedlich. In Äquatornähe entstehen häufig mächtige Wirbelstürme, die Taifune. →

Karte

EER

🏆 **3**
9 m

Zentralarktisches Becken
Laptewsee
Ostsibirische See
Karasee
Barentssee

EUROPA

Schwarzes Meer

Mittelmeer ▼ -5267 m

Rotes Meer

AFRIKA

ÄQUATOR

Arabisches Meer
Arabisches Becken
Somalibecken

Natalbecken

Agulhasbecken

Südwestindischer Rücken
Südwestindisches Becken

Kerguelen-Plateau

disches Südpolarbecken

🏆 **8**

ARMEER

ARKTIKA

A S I E N

Ochotskisches Meer

Ost-chin. Meer

Kurilengraben
-10542 m

Japangraben
-10554 m

Nordwestpazifisches Becken

🏆 **2**

Marianengraben
-10916 m

Witjastief 1
-11034 m

Ryukyugraben
Philippinenbecken
-10540 m
Südchines. Meer
Philippinengraben

Zentralpazifisches Becken

PAZIFISCHER OZEAN

Golf von Bengalen

Zentralindischer Rücken

Bengalischer Rücken

Zentralindisches Becken

🏆 **4**

INDISCHER OZEAN

Madagaskarbecken

Diamantinagraben
Diamantinatief -8047 m

Sundagraben
-7455 m

Javasee

Nordaustralisches Becken

Westaustralisches Becken

Große Australische Bucht

Südaustralisches Becken

Südostindischer Rücken

Indisches Südpolarbecken

AUSTRALIEN

Arafurasee

Korallenbecken
Korallensee

Fidschibecken

🏆 **5**

Tasmansee
Tasmanbecken

Macquarierücken

Europa

Wusstest du, dass es in Europa ganz schön wild zugeht? Auf diesem dicht mit Menschen besiedelten Kontinent kannst du wilde Tiere entdecken: Braunbären durchstreifen die Pyrenäen in Spanien, Wölfe heulen in den Wäldern von Brandenburg in Deutschland, Wisente weiden in Polen, Steinböcke klettern in den Alpen und Rentiere ziehen durch Skandinavien.

Watt'n datt? **Das Watt** an der Nordseeküste von Deutschland, Dänemark und den Niederlanden ist eine einzigartige Naturlandschaft: einmal Land, einmal Meer, je nachdem, ob Ebbe oder Flut herrscht. Du kannst hier etwa 10 000 Tier- und Pflanzenarten entdecken, zum Beispiel Kegelrobben, Austernfischer, Wattwürmer und Strandkrabben. ↓

Echt heiß! Nirgendwo sonst gibt es so viele heiße Quellen wie auf **Island**. Einige von ihnen brechen als Geysire von Zeit zu Zeit aus. Dabei spritzt ein Strahl heißes Wasser mehrere Meter hoch in die Luft. ↗

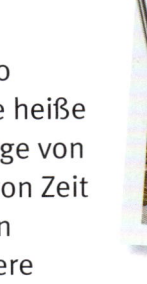

ATLANTISCHER OZEAN

Die Südspitze von Spanien ist nur 15 Kilometer von Afrika entfernt.

Spuckender Berg! Der **Ätna** auf der italienischen Insel Sizilien ist mit etwa 3300 Metern der höchste Vulkan in Europa. Er ist auch der einzige, der noch regelmäßig Asche und glühende Lava ausstößt. Deshalb kann man seine Höhe nicht genau angeben, da diese sich mit jedem Ausbruch ändert.

ZUM KNOBELN!

1. Wo kannst du wertvolle Bernsteine finden?
2. Wie heißen die sechs großen Gebirge in Europa?
3. In welches Gewässer mündet die Wolga?

Natur und Tiere

Das über 2400 Kilometer lange **Uralgebirge** in Russland trennt Europa von Asien. Obwohl die Landmassen zusammenhängen, gelten sie als zwei Kontinente.

Der längste Fluss Europas ist die **Wolga**. Sie fließt 3530 Kilometer durch ein einziges Land: Russland. Aufs Treppchen darf auch die **Donau**, sie ist der zweitlängste Fluss. Ihre Quellen liegen im Schwarzwald und auf ihrem 2850 Kilometer langen Weg zum Schwarzen Meer fließt sie durch insgesamt zehn Länder.

Wolga

Donau

An der **Ostseeküste** findest Du Bernstein. Das ist das Harz von Nadelwäldern, die vor Jahrmillionen wuchsen. Flüsse trugen es ins Meer, wo es auf den Grund sank. Im Laufe der Zeit wurde es von Sand, Staub und Steinen bedeckt. Unter Luftabschluss bildete sich Bernstein. In manchen Exemplaren sind Insekten oder Pflanzen eingeschlossen.

Wo steht der höchste Berg? Auf diese Frage gibt es zwei Antworten. Wenn man das Kaukasus-Gebirge noch zu Europa zählt, gewinnt der **Elbrus** in Russland, er ist 5642 Meter hoch. Wer diesen Berg jedoch Asien zurechnet, bekommt eine andere Antwort: Dann ist der **Mont Blanc** in den Alpen mit 4810 Metern der Sieger.

Elbrus

Mont Blanc

23

Europa

Was verbindet dich mit einem Jungen, der auf einer griechischen Insel wohnt, und einem Mädchen aus London? Ihr alle seid Europäer – auch wenn ihr ganz unterschiedliche Sprachen sprecht und weit weg voneinander lebt. Der zweitkleinste Kontinent der Welt vereint 46 Staaten, 28 davon sind Mitglied in der Europäischen Union, der EU.

Wirf die Wurst: Im Hochland von **Schottland** spielen die Leute verrückte Spiele, etwa Baumstammwerfen und Haggis-Schleudern. Haggis ist ein schottisches Gericht, eine Mischung aus Hafer und Innereien, die in einen Schafsmagen gefüllt wird. Es gewinnt, wer den Wurst-Sack am weitesten schleudert.

Alte Meister: Vier Jungs entdeckten vor mehr als 70 Jahren in einer Höhle in Südfrankreich uralte Malereien, die Bilder von Jagdszenen mit Rindern, Pferden und Hirschen zeigen. Diese inzwischen berühmten Malereien von **Lascaux** sind etwa 17 000 Jahre alt.

Petersdom

Echt winzig! **Vatikanstaat** ist das kleinste Land der Welt, es hat 800 Einwohner und liegt mitten in der Stadt Rom. Chef des Mini-Landes ist der Papst. Man spricht Italienisch und Latein.

Europäisch
Nordme

ISLAND
Reykjavík

NORWEGEN
Oslo
SCH
Stockh

Nord-
see

VEREINIGTES
KÖNIGREICH
GROSSBRITANNIEN
UND NORDIRLAND
Edinburgh

IRLAND
Dublin

DÄNEMARK
Kopenhagen

Birmingham
London
Amsterdam
Hamburg
Berlin
NIEDERLANDE

ATLANTISCHER
OZEAN

Brüssel
Köln
BELGIEN
DEUTSCH-
LAND
Paris
Prag
LUXEMBURG
TSCHECHI
München
Wien
FRANKREICH
LIECHTENSTEIN
Bern
ÖSTERREICH
SCHWEIZ
Bordeaux
SLOWENIEN
Mailand
Ljubljana
KROA
PORTUGAL
ANDORRA
SAN MARINO
BOSNIEN U
HERZEGOW
Lissabon
Madrid
MONACO
Saraje
VATIKANSTAAT
MONTEN
Barcelona
Rom
Podg
SPANIEN
ITALIEN

MALTA Valletta

A F R I K A
M

Länder und Leute

👁️ ① Es ist das berühmteste **Riesenrad** der Welt: Das „London Eye" ist 135 Meter hoch und eine der Attraktionen der Hauptstadt von Großbritannien.
←

Wie praktisch! Wenn du in Spanien deine Ferien verbringst, bezahlst du dein Eis einfach mit **Euro**. 18 Länder in Europa gehören inzwischen zur Euro-Zone. Sie alle haben diese Währung als Zahlungsmittel eingeführt. Doch nicht in allen Staaten der Europäischen Union kannst du mit Euro bezahlen. Wenn du etwa in Großbritannien essen gehst, erwartet der Wirt „Pound", also englische Pfund.

👤 Finnen mögen's heiß: In den skandinavischen Ländern ist es im Winter lange dunkel und kalt. Kein Wunder, lieben es die Leute, in die **Sauna** zu gehen. In Finnland leben fünf Millionen Menschen, für die es zwei Millionen Schwitzhütten gibt.

☠️ Es war einmal ein rumänischer Fürst. Der hieß Vlad Tepes und lebte im 15. Jahrhundert. Weil er so grausam war, nannte man ihn „Vlad, den Pfähler". Nach seinem Vorbild soll die Vampir-Legende **Graf Dracula** erschaffen worden sein. →

🏠 Das Volk an die Macht! In **Athen**, der Hauptstadt von Griechenland, wurde vor etwa 2500 Jahren die Demokratie erfunden. ↓

🏆 ① Halb Europa, halb Asien: **Istanbul** ist eine türkische Großstadt am Bosporus. Sie liegt zu einem Teil auf dem europäischen, zum anderen auf dem asiatischen Kontinent – das ist einzigartig! Istanbul wurde im Jahr 660 vor Christus gegründet.

FINNLAND — Helsinki
Sankt Petersburg
Tallinn — ESTLAND
LETTLAND — Riga
LITAUEN — Vilnius
Minsk
WEISS-RUSSLAND
Krakau
Kiew — Charkiw
UKRAINE
Dnipropetrowsk — Donezk
AKE lava
Budapest
MOLDAWIEN — Chișinău
RUMÄNIEN
Belgrad — Bukarest
ERBIEN
Kosovo — Sofia — BULGARIEN
Skopje — Istanbul ①
MAZEDONIEN
TÜRKEI
GRIECHENLAND — Athen
ZYPERN
meer
1000

RUSSLAND
Moskau
Kaspisches Meer
Schwarzes Meer
A S I E N

↑ Blaue Moschee

Akropolis

25

Afrika

Fläche: 30,3 Millionen km²
Rekord: Größte Wüste der Welt Sahara

Afrika ist der zweitgrößte und heißeste Kontinent der Welt – und er ist atemberaubend schön! Hier erstreckt sich die größte Wüste, die Sahara. Südlich davon wächst ein großer Regenwald, in dem seltene Tiere wie Gorillas und Schimpansen leben. Auf dieser Landmasse rennen, traben und schleichen noch viel mehr wilde Tiere: In den Graslandschaften im Süden Afrikas sind Elefanten, Löwen, Antilopen, Zebras und Strauße zu Hause.

Klein, aber bissig: Die **Sandrasselotter** ist nicht einmal einen Meter lang, aber extrem giftig. Diese Viper tötet in Afrika mehr Menschen als jede andere Schlange. Vorsicht ist geboten, wenn du ein rasselndes Geräusch hörst. Dann reibt die Sandrasselotter ihre Schuppen aneinander und zeigt, dass sie schlechte Laune hat.

1 Schnee in Afrika? Klar doch. Der höchste Berg des Kontinents, der **Kilimandscharo**, ist immerzu schneebedeckt und 5895 Metern hoch.

2 Der längste Fluss der Erde ist der **Nil**. Von der Quelle beim Victoriasee fließt er 6853 Kilometer bis ins Mittelmeer. Schon die alten Ägypter nutzten diesen Fluss. Mit ihren Holzbooten, Feluken genannt, schipperten sie Waren von einem Ort zum anderen.

Karte

Kapverdische Inseln

Madeira

Kanarische Inseln

Straße von Gibraltar

MAROKKO

Toubkal 4165 m ▲

Atlasgebirge

MAURETANIEN

Erg Iguidi

Großer Westlicher Erg

ALGERIEN

Großer Östlicher Erg

Erg Chech

Ahaggar

Tahat 3003 m ▲

MALI

Niger

Niger-becken

S a h a r a

Tenere

Air

NIGER

BURKINA

Senegal

TUNESIEN

EUROPA

Mittelmeer

Große Syrte

Cyrenaika

LIBYEN

Fessan

Tibesti

Emi Koussi 3415 m ▲

Tschad-becken

Tschad-see

TSCHAD

Libysche Wüste

ÄGYPTEN

Nil

Sinai

Rotes Meer

ASIEN

NÖRDLICHER WENDEKREIS

Golf von Aden

Ras Dasshan 4533 m ▲

Nubische Wüste

Blauer Nil

SUDAN

Jebel Marra ▲

INDISCHER OZEAN

Seychellen

ATLANTISCHER OZEAN

Golf von Guinea

ÄQUATOR

SÜDLICHER WENDEKREIS

SOMALIA
Shebele
Hochland von Äthiopien
SÜDSUDAN
Turkana-see
KENIA
Mt. Kenia 5199 m
Kilimandscharo 5895 m
UGANDA
Ruwenzori 5109 m
Victoria-see
Serengeti
Tanganjika-see
TANSANIA
Malawi-see
Sansibar
Komoren
Maromokotro 2876 m
Madagaskar
Straße von Mosambik
MOSAMBIK
Sambesi
ZENTRAL-AFRIKANISCHE REPUBLIK
Ubangi
Kongo
DEMOKRATISCHE REPUBLIK KONGO
Kongo-becken
Kasai
Katanga-plateau
SAMBIA
Sambesi
Victoria-fälle
SIMBABWE
Limpopo
Drakensberge
Thabana Ntlenyana 3462 m
KAMERUN
Kamerunberg 4095 m
GABUN
Cuanza
ANGOLA
Okawango-delta
BOTSWANA
Kalahari
Oranje
SÜDAFRIKA
Kap der Guten Hoffnung
Niger
ELFENBEIN-KÜSTE
GHANA
Volta-Stausee
Brandberg 2573 m
NAMIBIA
Namib
0 km   1000

ZUM KNOBELN!
1. Finde diese Inseln auf der Karte!
2. Wie heißt der größte See Afrikas?
3. In welches Meer mündet der Nil?

3 Unsere lieben Verwandten! In Ruanda und Uganda leben die letzten **Berggorillas** in freier Wildbahn. Weil sie von Wilderern gejagt werden und ihr Lebensraum, der Regenwald, abgeholzt wird, könnten sie bald ausgestorben sein.

2 Lemuren, also Halbaffen, gibt es nur auf **Madagaskar**. Weil die Insel vor 50 Millionen Jahren von Afrika getrennt wurde, haben sich dort ganz ungewöhnliche Tier- und Pflanzenarten entwickelt.

Pro Sekunde stürzt an den **Victoriafällen** der Inhalt von fünf Schwimmbecken 100 Meter in die Tiefe. Dieses Naturwunder liegt in der Grenz-region von Simbabwe und Sambia.

1 Die größte Tierwanderung der Welt: Auf der Suche nach Nahrung und Wasser ziehen 1,2 Millionen Gnus, 400 000 Gazellen und 250 000 Zebras durch den **Serengeti-Nationalpark**, der in Tansania und Kenia liegt. Auf ihrem Rundweg legen die Tiere jährlich etwa 3000 Kilometer zurück.

Berggorilla

Kattas zählen zu den Lemuren.

27

Afrika

Wusstest du, dass du ein Afrikaner bist? So wie jeder andere Mensch auf der Erde! Denn unsere Ur-Ur-Ur-Ahnen lebten einst in der afrikanischen Savanne. Die ältesten Funde von menschenähnlichen Wesen sind etwa drei Millionen Jahre alt und wurden in Ostafrika entdeckt. Heute leben auf diesem Kontinent 600 Volksgruppen in 54 Staaten. Viele dieser Länder gehören zu den ärmsten der Welt, doch ist der Erdteil reich an Kultur und Traditionen. Nirgendwo sonst werden mehr Sprachen gesprochen – mehr als 2000.

Länder und Leute

Länderanzahl: 54
Bevölkerung: 1,05 Milliarden

1 Prächtige Cheops-Pyramide: Die alten Ägypter waren geniale Baumeister. Vor über 4500 Jahren schufteten Tausende Arbeiter und schleppten über zwei Millionen Steine heran, um die Grabstätte für ihren Herrscher zu errichten. ↑

1 Die Kamele der Tuareg sind die Taxis der Sahara. Die Wüstennomaden werden auch als „blaue Reiter" bezeichnet. Sie tragen blaue Kleidung, die auf ihre Haut abfärbt. →

2 Aus riesigen Felsblöcken schufen Menschen in Lalibela in **Äthiopien** vor 800 Jahren elf Kirchen. Es heißt, 40 000 Arbeiter hätten 23 Jahre lang an ihnen gemeißelt. Nachts sollen ihnen Engel zu Hilfe gekommen sein. ↑

Die größte Stadt in Afrika heißt **Kairo.** Die Hauptstadt Ägyptens hat etwa 18 Millionen Einwohner. Zum Vergleich: In der Sahara, die so groß ist wie die USA, leben nur rund zwei Millionen Menschen.

EUROPA

ASIEN

NÖRDLICHER WENDEKREIS

Madeira (PORTUGAL)

Kanarische Inseln (SPANIEN)

Praia
KAP VERDE

Dakar
SENEGAL
Banjul
GAMBIA
GUINEA-
Bissau

WESTSAHARA (MAROKKO)

MAURETANIEN
Nouakchott

MAROKKO
Rabat
Casablanca
Fès

MALI
Bamako

ALGERIEN
Algier

Niamey
NIGER

Ouagadougou

N'Djamena
TSCHAD

TUNESIEN
Tunis

Tripolis

LIBYEN

ÄGYPTEN
Kairo
Gizeh
Alexandria

SUDAN
Omdurman
Khartum

ERITREA
Asmara

DSCHIBUTI

Map labels (Africa):

INDISCHER OZEAN

SEYCHELLEN — Victoria

SOMALIA — Mogadischu — Addis Abeba

KENIA — Nairobi — Kampala

UGANDA

SÜDSUDAN — Juba

ZENTRAL-AFRIKANISCHE REPUBLIK — Bangui

KAMERUN — Yaoundé — Douala — Malabo

ÄQUATORIALGUINEA

SÃO TOMÉ UND PRINCIPE

GABUN — Libreville

KONGO — Brazzaville

DEMOKRATISCHE REPUBLIK KONGO — Kinshasa

RUANDA — Kigali

BURUNDI — Bujumbura

TANSANIA — Dodoma — Daressalam

KOMOREN — Moroni

MADAGASKAR — Antananarivo

MALAWI — Lilongwe

SAMBIA — Lusaka — Lubumbashi

SIMBABWE — Harare

MOSAMBIK — Maputo

ANGOLA — Luanda

NAMIBIA — Windhoek

BOTSWANA — Gaborone

SWASILAND — Mbabane

LESOTHO — Maseru

SÜDAFRIKA — Pretoria — Johannesburg — Durban — Port Elizabeth — Kapstadt

Abuja — Benin-Stadt — Port Harcourt — Lagos — Porto Novo — Ibadan

NIN — OGO — Lomé — Accra — Kumasi — Abidjan — Yamoussoukro — Monrovia — Freetown — LEONE — LIBERIA — ELFENBEIN-[GRANA...] KÜSTE

ÄQUATOR

SÜDLICHER WENDEKREIS

ATLANTISCHER OZEAN

0 km — 1000

---

① Goldrausch: 1886 wurde in Südafrika **Gold** entdeckt. Heute kommen fast zehn Prozent des Edelmetalls von dort. Auch Diamanten kannst du in Südafrika finden. Manche sind so groß wie eine kleine Orange. Kein Wunder, dass dieses Land zu den reichsten in Afrika gehört, auch wenn nur wenige davon profitieren. →

② Die **San,** ein Volk, das in der Kalahari-Wüste in Südafrika, Botswana und Namibia lebt, sprechen die wahrscheinlich komplizierteste Sprache der Welt. Sie verständigen sich mit Schmatz- und Schnalzlauten.

① Film ab! Jeder kennt Hollywood. Doch auch **Nigeria** ist bekannt für seine Filmindustrie: In Nollywood werden pro Jahr etwa 2000 Filme produziert; das sind mehr als fünf pro Tag! →

③ Bei den nomadischen **Wodaabe** wird jährlich ein Schönheitswettbewerb der besonderen Art durchgeführt: Die Männer des Hirtenvolkes schminken sich, singen und schneiden Grimassen. Wer wird Schönheitskönig? Das entscheiden die Frauen. →

🍴 In Kamerun hüpft der größte Frosch der Welt, der **Goliathfrosch.** Er wird über 30 Zentimeter lang und drei Kilo schwer. Diese Prachtkerle landen häufig in der Pfanne. ↓

29

Westasien und Südasien

Gigantisch! Asien ist der größte Kontinent der Welt. Weil er so riesig ist, passt er nicht auf eine Doppelseite in diesem Atlas. Deshalb zeigen wir Asien in drei Teilen. Entdecke zunächst Westasien und Südasien: zum Beispiel eine unglaubliche Sandwüste, das höchste Gebirge der Welt und zottelige Grunzochsen, die Yaks.

Meer aus Sand: Die **Rub al-Chali** ist die größte Sandwüste der Welt, Deutschland würde zwei Mal in sie hineinpassen. Rub al-Chali ist Arabisch und heißt übersetzt „leeres Viertel". Der Name verwundert nicht, denn hier gibt es weder Flüsse noch Seen, weder Dörfer noch Städte. Nur manchmal ziehen Beduinen mit ihren Kamelen durch diese Einöde.

EUROPA
Schwarzes Meer
RUSSLAND
Anatolien
Elbrus 5642 m
TÜRKEI
Mittelmeer
Taurus
Kaukasus
Kaspisches Meer
Zypern
Vansee
Ararat 5137 m
Kara-Bogas-Gol
Hermon 2814 m
SYRIEN
Urmiasee
Tiefla
TURKME
Syrische
Damavand 5671 m
Totes Meer
Wüste
Euphrat
Mesopotamien
Zagrosgebirge
Elburs
Tigris
IRAK
Zard Kuh 4547 m
Große Salzwüste
Nefud
IRAN
Hochland von Iran
SAUDI-ARABIEN
KUWAIT
Hedschas
Arabische
Persischer Golf
Halbinsel
KATAR
Rotes Meer
Rub al-Chali (Große Arabische Wüste)
VEREINIGTE ARABISCHE EMIRATE
Makran
Golf von Oman
A
He
JEMEN
OMAN
Hadramaut
Golf von Aden
Arabische Meer
Sokotra
AFRIKA

0 km   1000

INDISCHER OZEAN

Steinreich oder besser ölreich: Unter der Erde von Saudi-Arabien, Irak, Iran, von den Vereinigten Arabischen Emiraten und Kuwait gibt es **riesige Erdölvorkommen**. Diese Staaten gehören zu den größten Ölproduzenten der Welt.

Der **Monsunregen** ist für den indischen Subkontinent lebenswichtig. In den Sommermonaten von Juni bis September bringt er viel Niederschlag. Manchmal regnet es aber auch so stark, dass es zu schlimmen Überschwemmungen kommt.

Natur und Tiere

Fläche: 12,9 Millionen km²

Rekord: Tiefster Punkt der Welt *Totes Meer*

Yeti nein, Yaks ja! Bislang konnte niemand beweisen, dass es den Schneemenschen wirklich gibt. Sicher ist dagegen: Yaks, die zotteligen Rinder, existieren wirklich. Allerdings grasen nur noch etwa 10 000 Grunzochsen auf den abgelegenen Hochweiden des Himalaja. →

↑ Einst war **der Aralsee** der viertgrößte See der Welt, inzwischen ist er auf ein Zehntel seiner ursprünglichen Größe geschrumpft. Der Grund? Die Menschen zweigten jahrzehntelang Wasser für ihre Baumwollfelder ab.

Der **Himalaja** ist das höchste Gebirge der Welt. Der allerhöchste Berg liegt mittendrin: der Mount Everest mit 8848 Metern. Die Erstbesteiger waren 1953 Edmund Hillary und Tenzing Norgay. Heute kommen jährlich Tausende Touristen und hinterlassen ihre Abfälle. Inzwischen gilt der Berg als höchste Müllkippe der Welt. Ein neues Gesetz verpflichtet deshalb die Bergsteiger, ihren Müll wieder mit ins Tal zu nehmen. →

Gefährlich: Wer im Nationalpark **Sunderban** mit dem Boot durch die Mangrovensümpfe des Ganges-Deltas schippert, kann schon mal von einem der dort lebenden Tiger angegriffen werden.

An dieser Frucht könnte sich eine ganze Schulklasse satt essen: Immerhin wiegt so eine Jackfrucht bis zu 25 Kilogramm, so viel wie etwa 125 Äpfel. →

Westasien und Südasien

Diese Region ist die vielleicht spannendste der Welt. Hier bauten Menschen erstmals Getreide an, züchteten Vieh und wurden sesshaft. Sie erfanden die erste Schrift, die Keilschrift, und hier gingen erstmals Schüler zur Schule. In diesem Gebiet entstanden drei große Weltreligionen: das Judentum, das Christentum und der Islam. Doch diese Gegend ist nicht nur spannend, sondern auch spannungsgeladen. Die Menschen streiten sich und führen viele Kriege – vor allem wegen der Religion.

🏆 Das höchste Gebäude der Welt heißt **Burj Khalifa** (sprich: Burdsch Chalifa), es steht in Dubai in den Vereinigten Arabischen Emiraten und ist 828 Meter hoch. Damit ist es doppelt so groß wie das Empire State Building in den USA.

EUROPA

Istanbul
Izmir
Bursa
Ankara
TÜRKEI
Adana
Gaziantep
Nikosia
ZYPERN
Beirut
LIBANON
Aleppo
Homs
SYRIEN
Jerusalem
PALÄSTINA
Damaskus
ISRAEL
Amman
JORDANIEN
Mosul
GEORGIEN
Tiflis
ARMENIEN
Eriwan
ASERBAIDSCHA
Baku
Täbris
Bagdad
IRAK
Karadsch
Teheran
Basra
Isfahan
Kuwait-Stadt
KUWAIT
IRAN
Schiras
Medina
SAUDI-
ARABIEN
Riad
BAHRAIN
Manama
Doha
KATAR
Dschidda
Mekka
VEREINIGTE
ARABISCHE
EMIRATE
Dubai
Abu Dhabi
Maska
Sanaa
OMAN
JEMEN
Sokotra
(JEMEN)
INDISCHER
OZEAN
AFRIKA

Grabeskirche

Felsendom und Klagemauer ↑

👁3 Stadt der drei Weltreligionen: In **Jerusalem** liegen drei heilige Stätten von drei großen Weltreligionen ganz nahe beieinander: der Felsendom der Muslime, die Klagemauer der Juden und die Grabeskirche der Christen.

👁2 Nach **Mekka** pilgern jedes Jahr Millionen Muslime. Jeder Gläubige sollte einmal im Leben diese heilige Stadt in Saudi-Arabien besuchen, so heißt es im Koran, der heiligen Schrift der Muslime. Nichtmuslime dürfen die Stadt dagegen nicht betreten. →

Kaaba in Mekka

Länder und Leute

Länderanzahl: 30
Bevölkerung: 1,97 Milliarden

1 Vor 7000 Jahren war **Mesopotamien**, das Gebiet des heutigen Irak und Syrien, das geistige Zentrum der Welt. Hier entwickelte das Volk der Sumerer die erste Schrift, erfand das Rad und – die Schule. Damals wurden Bilder und Zeichen in Tontafeln geritzt, die als Schulbücher dienten. ↘

Erste Bauern: Im heutigen Iran begannen die Menschen vor etwa 10 000 Jahren, Pflanzen anzubauen und Tiere zu züchten. Die Menschen wurden erstmals sesshaft. Dadurch entstanden Dörfer und Städte, Kunst und Kultur. →

1 Das **Tadsch Mahal** ist für viele Menschen das schönste Gebäude der Welt. Schah Dschahan ließ es von 20 000 Arbeitern errichten, zu Ehren seiner Lieblingsfrau. Es besteht aus weißem Marmor und ist mit Edelsteinen und Schnitzereien verziert. Die Bauarbeiten begannen 1631 und dauerten mehr als 17 Jahre. ↗

2 Reinwaschen am Fluss: Die meisten Inder sind Anhänger der Religion des **Hinduismus**. Sie glauben an die Wiedergeburt nach dem Tod. Jedes Jahr pilgern über eine Million Gläubige in die Stadt Varanasi am Fluss Ganges, um ihre Sünden abzuwaschen.

USBEKISTAN
NISTAN
aschgabat
Taschkent
Bischkek
KIRGISISTAN
Duschanbe
TADSCHIKISTAN
AFGHANISTAN   Kabul
Peschawar
Islamabad
Rawalpindi   Srinagar
Gujranwala   Amritsar
Faisalabad   Ludhiana
Multan   Lahore
PAKISTAN
Meerut
Delhi
Hyderabad   Jodhpur   Jaipur   Neu-Delhi
Karatschi   Faridabad   NEPAL   Kathmandu   Thimphu
Agra   BHUTAN
Kanpur   Lucknow   Guwahati
Ahmadabad   Allahabad   Patna
Rajkot   Bhopal   Jabalpur   Varanasi
Vadodara   Indore   BANGLADESCH
Surat   INDIEN   Ranchi   Dhaka
Thane   Nashik   Nagpur   Kolkata   Khulna   Chitta-
Mumbai   Pune   Aurangabad   gong
Sholapur   Hyderabad   Visakhapatnam

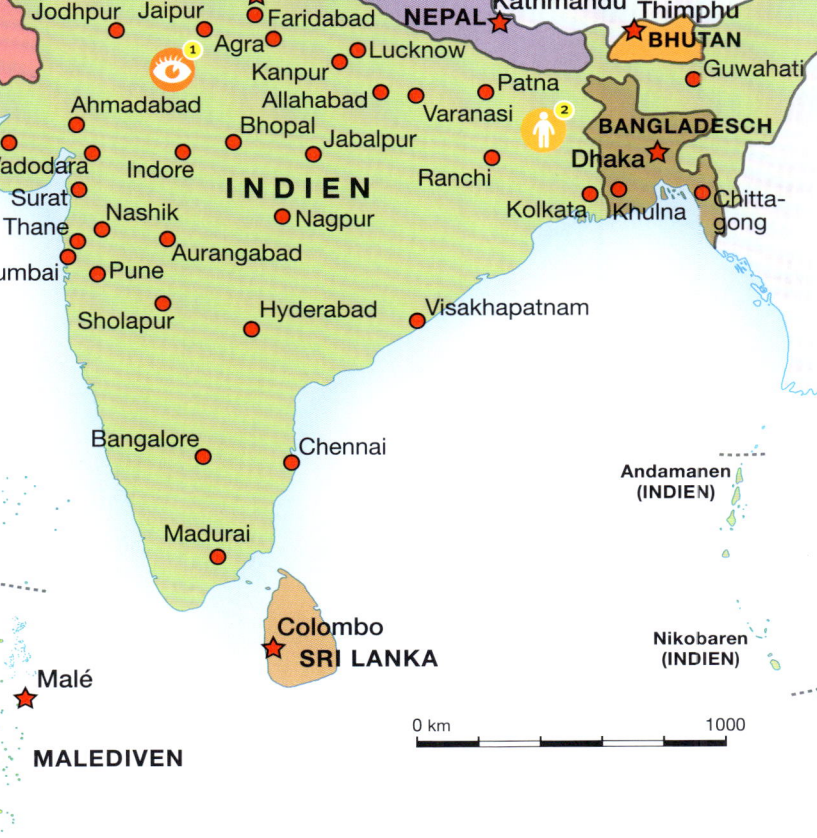

Bangalore   Chennai
Andamanen (INDIEN)
Madurai

Colombo
SRI LANKA
Nikobaren (INDIEN)
Malé

MALEDIVEN

0 km   1000

ZUM KNOBELN!

1. Welches Land ist das? Folge der blauen Linie und finde es auf der Karte!
2. Wie viele Millionenstädte gibt es in Indien? Zähle sie auf der Karte!
3. Wie heißt die Hauptstadt von Aserbaidschan?

Nordasien und Zentralasien

Würde man Wölfe, Bären, Tiger, Schneeleoparden, Nonnenkraniche und Walrosse fragen, wo sie am liebsten leben würden, wäre die Antwort wohl: in Nord- und Zentralasien. Hier gibt es viel Platz, und diesen Tierarten macht das raue Klima wenig aus. In Sibirien kann es bis zu minus 60 Grad Celsius kalt werden. Vor der Kälte schützen sich die Tiere mit einem warmen Fell, einer dicken Fettschicht oder einem dichten Federkleid.

🏆² Die **sibirische Taiga** ist das größte zusammenhängende Waldgebiet der Welt, hier wachsen vor allem Kiefern, Fichten und Tannen.

↓

Franz-Josef-Land

Barentssee

Nowaja Semlja

Karasee

Jamal-Halbinsel

Gydan-Halbinsel

Narodnaja 1895 m

Ural

Ob

Westsibirisches Tiefland

S i b

RUSS

Jenissei

Irtysch

Ob

Unter

Altai

Beluha 4506 m

EUROPA

0 km   1000

Ural

Kaspische Senke

Turgaisenke

🏠

KASACHSTAN

Kasachische Schwelle

Aralsee

Balchaschsee

Kaspisches Meer

Kara-Bogas-Gol

Tiefland von Turan

Kysylkum

Syrdaria

Dsungarei

Amudarja

Issyk-Kul

Tian Shan

Pik Pobedy 7439 m

🏠 ← Schon mal was von **Kasachstan** gehört? Nein. Erstaunlich, denn es ist fast so groß wie Indien und eines der rohstoffreichsten Länder der Welt. Dort lagern Kohle, Erdgas, Erdöl und Gold.

Fläche: 17,3 Millionen km²

Rekord: Tiefster und ältester See *Baikalsee*

← 🏆1 Der **Baikalsee** ist mit 1600 Metern der tiefste, mit 25 Millionen Jahren der älteste und außerdem der wasserreichste See der Welt. Er enthält mehr Wasser als die Ostsee.

🐾1 In Sibirien streifen nur noch etwa 500 **Sibirische Tiger** durch die Gegend. Diese Katzen sind vom Aussterben bedroht, weil zum Beispiel Wilderer die Tiere erschießen, um die Knochen nach China zu verkaufen. Dort wird ein Pulver daraus gemacht, von dem einige Menschen glauben, dass es Rheuma und Malaria heile.

PAZIFISCHER OZEAN

👁 Die Wüste **Gobi**, die in der Mongolei und Nordchina liegt, ist einer der besten Fundorte für Dinosaurierknochen und versteinerte Dino-Eier. Etwas Zeit und Geduld musst du trotzdem mitbringen, wenn du suchen willst: Die Gegend ist felsig und eine Million Quadratkilometer groß.
↘

🐾2 **Trampeltiere** sind sehr robust: Sie halten Temperaturen von minus 50 bis plus 50 Grad Celsius aus. In ihren beiden Höckern speichern sie Fett. Deshalb können sie lange Zeit ohne Nahrung auskommen. Wenn es in der Wüste ausnahmsweise etwas zu trinken gibt, schlabbern sie in zehn Minuten 120 Liter weg, so viel wie in eine Badewanne passt. →

Tschuktschensee
Tschuktschen-Halbinsel
Wrangelinsel
Ostsibirische See
Neusibirische Inseln
Korjakengebirge
Laptewsee
Ostsibirisches Tiefland
Kolyma
Kolymargebirge
Tscherskigebirge
...yrsee
...ches Tiefland
Werchojansker Gebirge
Lena
Kljutschewskaja Sopka 4750 m
Mus Chaja 2959 m
Kamtschatka
Ochotskisches Meer
...birisches ...gland ...a
Lena
S i b i r i e n
...N D
Stanowoigebirge
Sachalin
Kurilen
🐾1
🏆1
Baikalsee
Jablonowygebirge
Schilka
Argun
Großer Chingan
Amur
Sichote-Alin
Chöwsgöl Nuur
Mandschurei
Chankasee
C H I N A
🐾2
Selenge
👁
...ngaigebirge
MONGOLEI
Japanisches Meer (Ostmeer)
JAPAN
Gobi-Altai
G o b i
Koreanische Halbinsel
Gelbes Meer

Nordasien und Zentralasien

Möchtest du endlich einmal deine Ruhe haben?
Dann könnten dir Nord- und Zentralasien gut gefallen.
Dort gibt es riesige, kaum besiedelte Gebiete: Der
Norden von Sibirien und die Wüste Gobi sind fast
menschenleer. Langweilig wird es dort aber
trotzdem nicht. Wie wäre es mit einem Trip
mit der Transsibirischen Eisenbahn oder
einem Besuch bei Rentier-Nomaden?

👁 Vor fast 500 Jahren ließ der als grausam verschriene Zar Iwan der Schreckliche die wunderschöne **Basilius-Kathedrale** mit ihren zauberhaften Zwiebeltürmen in Moskau bauen. Der Grund? Er hatte einen Sieg gegen die Mongolen errungen.

🍴 Kostbarer **Kaviar:** Die Eier des Beluga-Störs sind sehr begehrt und teuer. Ein Kilogramm Fischeier kostet bis zu 6000 Euro. Die Kügelchen schmecken cremig und sahnig. Die Störe sind leider vom Aussterben bedroht. ↓

🐾 Wauwau im Weltall: Hündin **Laika** wurde vom Raketenstartplatz Baikonur 1957 mit dem Satelliten „Sputnik 2" ins All geschossen – als erstes Lebewesen überhaupt. Leider ohne Rückflugticket, denn es war damals technisch noch nicht möglich, zurück zur Erde zu fliegen. →

Länder und Leute

Länderanzahl: 3
Bevölkerung: 163 Millionen

← Die **Nenzen** wandern mit großen Rentierherden jedes Jahr 2000 Kilometer über die russische Halbinsel Jamal. Die Kinder dieses Nomadenvolkes sind allerdings nur in den Ferien mit dabei. Sie müssen zur Schule wie du. Im August werden sie mit dem Hubschrauber zurück ins Internat geflogen.

NORDPOLARMEER

1 Die **Transsibirische Eisenbahn** ist die längste Bahnstrecke der Welt. Sie führt von Moskau nach Wladiwostok. Man braucht für die mehr als 9000 Kilometer etwa sieben Tage. ↓

Zarengold-Express

A N D

PAZIFISCHER OZEAN

Keins ist größer: **Russland** ist das größte Land der Welt, der westliche Teil liegt in Europa, der östliche in Asien.

Ulan-Bator

Wladiwostok

MONGOLEI

2 Warm anziehen solltest du dich, wenn du die Hauptstadt der **Mongolei**, Ulan-Bator, besuchst. Sie ist die kälteste Hauptstadt der Welt. Die Jahresdurchschnittstemperatur beträgt minus 2 Grad. →

ZUM KNOBELN!

1. Wie viele Millionenstädte gibt es in Russland?
2. Welche russische Großstadt liegt am Pazifik?

Südasien und Südostasien

Magst du das Meer oder die Berge, Vulkane oder Wüsten? Wenn du dich nicht entscheiden kannst, ist diese Gegend genau richtig: Vulkaninseln in Südostasien, Wüsten in China und Gebirge in Korea und Japan.

Stinkende Schönheit! Die Titanenwurz ist die größte Blume der Welt. Sie stinkt aber auch im Wortsinn zum Himmel. Der Geruch von toten Tieren lockt Fliegen und Käfer an.

Lebende Drachen? Der **Komodowaran** ist die größte Echse unseres Planeten und ähnelt den Drachen aus Fantasy-Büchern. Er wird bis zu drei Meter lang, einhundert Kilo schwer und ist ein flinker Jäger. Seine Spucke enthält ein Gift, mit dem er seine Beute lähmt. →

Altai
Belucha 4506 m

Balchaschsee

MONGOLEI

Dsungarei

Gobi-Altai

Gob

Tian Shan

Pik Pobedy 7439 m

Turfansenke

Lop Nor

Tarimbecken

Taklamakan

Altun Shan

Nan Shan

Qinghai Hu

Pamir

Karakorum

K2 8611 m

Kunlun Shan

Qaidambecken

C

Huang He

Indus

Hochland von Tibet

Mekong

Salween

INDIEN

Himalaja

Transhimalaja

Yarlung Tsangpo

Jangtsekiang

R Be

Mt. Everest 8848 m

Brahmaputra

MYANMAR

LAOS

Irawadi

Doi Inthanon 2565 m

Golf von Bengalen

THAIL

Chao Phraya

Andamanen

Andamanensee

Golf v Thaila

Toh

Dieses Land ist das reinste Feuerwerk! In Indonesien gibt es mehr aktive **Vulkane** als in jedem anderen Land der Erde – über 130. Auf der Insel Java spuckt der 3676 Meter hohe Semeru seit 30 Jahren ununterbrochen Feuer. Er ist einer der gefährlichsten Vulkane der Erde.

Nikobaren

Straße von Malakka

Malai Halbi

Orang-Utans sind die größten Baumsäugetiere der Welt. Und sie sind sehr schlau: Sie benutzen Werkzeuge und bauen sich Schlafnester aus Zweigen und Blättern. Leider sind sie vom Aussterben bedroht. Ihr Lebensraum, der Regenwald, wird abgeholzt.

ÄQUATOR

Suma

Natur und Tiere

Fläche: 14,7 Millionen km²

Rekord: Die meisten Vulkane

Indonesien

Sie sehen einfach zum Knuddeln aus: die **Großen Panda**. Die pummeligen Bambusfresser, die in Zentralchina leben, stehen auf der Roten Liste der bedrohten Arten. Es gibt nur noch etwa 1600 Exemplare. →

Tsunamis sind gigantische Wellen, die durch Erdbeben im Meer ausgelöst werden. Je näher sie der Küste kommen, desto höher türmen sie sich auf. Treffen sie auf Land, können sie ganze Landstriche zerstören und Menschen töten.

Der Jangtsekiang ist mit 6380 Kilometern der längste Fluss Asiens und der drittlängste der Welt. An einer Stelle wird er vom **Drei-Schluchten-Damm** zu einem gigantischen See aufgestaut. 13 Städte und etwa 4500 Dörfer mussten den Fluten weichen – ihre Bewohner wurden umgesiedelt. ↓

Drei-Schluchten-Damm

RUSSLAND
Argun
Großer Chingan
Amur
Sichote-Alin
Chankasee
Mandschurei
Liao He
Huang He
Große Ebene
CHINA
Drei Schluchten
Dongting Hu
Poyang Hu
Jangtsekiang
Südchinesisches Bergland
Hokkaido
Japanisches Meer (Ostmeer)
Honshu
JAPAN
Fudschijama 3776 m
Koreanische Halbinsel
Shikoku
Kyushu
Gelbes Meer
Ost-chinesisches Meer
Taiwanstraße
Taiwan
PAZIFISCHER OZEAN
Philippinensee
Luzon
Pinatubo 1486 m
Hainan
Südchinesisches Meer
VIETNAM
DSCHA
Palawan
Sulusee
PHILIPPINEN
Mindanao
Apo 2954 m
0 km 1000
Kinabalu 4101 m
Celebessee
Vogelkopf 3000 m
Neuguinea
Puncak Jaya 4884 m
AYSIA
Irangebirge
Makassarstraße
Sulawesi (Celebes)
Molukken
Seram
Bandasee
Borneo
INDONESIEN
Große Sundainseln
Javasee
Semeru 3676 m
Java
Bali
Kleine Sundainseln
Sumba
Flores
Timor
Timorsee

Südasien und Südostasien

Alleine bist du in dieser Region der Welt sehr selten. Denn China, Japan und einige Länder Südostasiens sind sehr dicht bevölkert. In China leben mehr Menschen als in jedem anderen Land der Erde: 1,35 Milliarden. Jeder fünfte Mensch ist ein Chinese.

Der **Fugu**, ein Kugelfisch, ist in Japan ein absoluter Leckerbissen. Doch manche Körperteile sind sehr giftig! Köche müssen eine extra Ausbildung machen, um ihn zubereiten zu dürfen.

Reisfeld

Heiß auf Reis: **Reis** ist die wichtigste Nutzpflanze der Welt. Für mehr als die Hälfte der Menschen auf der Welt ist Reis das Hauptnahrungsmittel. Er wird vor allem in Asien angebaut: 90 Prozent der Weltproduktion kommen von dort.

Das Leben: ein Kreislauf. Daran glauben viele Menschen in Thailand, Vietnam, Laos und anderen südostasiatischen Ländern. Ihren Glauben nennt man **Buddhismus**. Sie sind davon überzeugt, dass Menschen nach dem Tod wiedergeboren werden.

Buddhastatue

Kung Fu wurde vor etwa 1500 Jahren von buddhistischen Mönchen in China erfunden. Sie wollten sich nach dem langen Stillsitzen und Beten ein bisschen bewegen. Entstanden ist ein Kampfsport ohne Waffen. Heute trainieren Menschen in der ganzen Welt Kung Fu und andere asiatische Kampfsportarten wie Karate oder Judo. →

Lhasa

Tibet ist das höchstgelegene Land der Erde. 1950 marschierten chinesische Truppen ein. Bei den Kämpfen wurden viele Tibeter verletzt oder getötet und zahlreiche ihrer heiligen Klöster zerstört. Seit dieser Zeit sagt China, dass das Gebiet zu seinem Staatsgebiet gehört. Die Tibeter wären aber lieber unabhängig.

Ürümqi

Lanzhou

CHINA

Mandalay

MYANMAR

Naypyidaw

Rangun

THAI

Bangko

Andamanen (INDIEN)

Phr

Medan

Nikobaren (INDIEN)

ÄQUATOR

LA V

Länder und Leute

Länderanzahl: 16
Bevölkerung: 2,2 Milliarden

Sapporo

Harbin

Changchun · Jilin

Fushun

Shenyang

Anshan

NORDKOREA

Pjöngjang

Peking · Tangshan

Datong

Tianjin

Shijiazhuang · Baoding

Taiyuan

Handan · Jinan

Zhengzhou · Zibo · Qingdao

Louyang · Xuzhou

Xi'an · Huainan · Nanjing · Wuxi

Hefei · Suzhou · Shanghai

Wuhan · Hangzhou

Chongqing · Nanchang

Changsha · Fuzhou

Guiyang

Rongcheng

Guangzhou · Shantou

Shenzhen

Hongkong

Sendai

Saitama · Tokio

JAPAN · Yokohama

Nagoya

Kyoto

Kobe · Osaka

Hiroshima

Incheon · Daegu

SÜDKOREA

Seoul

Daejeon · Busan

Gwangju · Fukuoka

Taipeh

Taichung

TAIWAN

Kaohsiung

PAZIFISCHER

OZEAN

Quezon City

Manila

VIETNAM

PHILIPPINEN

Davao

BODSCHA

Ho-Chi-Minh-Stadt

Bandar Seri Begawan

BRUNEI

ALAYSIA

la Lumpur

Singapur

SINGAPUR

INDONESIEN

Palembang

Makassar

Dili

OSTTIMOR

Jakarta · Semarang · Surabaya

Bandung

Rein mit dir! Tokio ist die größte Stadt der Welt. Etwa 35 Millionen Menschen leben hier. Kein Wunder, dass es in den U-Bahnen manchmal ganz schön eng wird. Deshalb gibt es „Drücker" in Uniform, die die Passagiere in die Züge pressen. →

Das längste Bauwerk der Welt: Die **Chinesische Mauer** ist über 20 000 Kilometer lang und wurde vor etwa 2000 Jahren von etwa 300 000 Sklaven erbaut, um Feinde aus dem Norden abzuwehren. →

Die **Orang Laut** sind Seenomaden, die jahrhundertelang nur auf Booten lebten. Sie segelten mit ihren schwimmen-den Häusern zwischen Indonesien und den Philippinen, zwischen Malaysia und den Molukken hin und her. Heute wohnen viele Orang Laut in Hütten auf Stelzen. ↓

Orang Laut

0 km 1000

Australien, Neuseeland und Ozeanien

Komm mit auf eine Reise ans andere Ende der Welt, nach Australien, Neuseeland und Ozeanien. Australien ist der kleinste aller Kontinente und zugleich ein sehr dünn besiedeltes Land. Wollen die „Aussies", also die Australier, ins Ausland reisen, müssen sie ein Boot oder das Flugzeug nehmen, denn ihr Land ist eine riesige Insel. Neuseeland liegt 1500 Kilometer entfernt im Südosten, Papua-Neuguinea und die Inselgruppen Mikronesien, Melanesien im Norden und Polynesien im Osten.

Uluru nennen die Aborigines, die Ureinwohner Australiens, diesen heiligen Felsen aus rotem Sandstein. Das bedeutet: „Schatten spendender Platz". Andere Leute sagen zu dem Berg, der sich 350 Meter über seine Umgebung erhebt, Ayers Rock. ↓

Schule mit Klick: Viele Kinder im australischen Outback, dem „Hinterland", könnten im Schlafanzug zum Unterricht kommen. Sie lernen zu Hause – über das Internet. Der Weg zur nächsten Schule wäre für sie viel zu weit.

Clownfisch

Paradies unter Wasser! Das **Große Barriereriff** ist das längste Korallenriff der Welt. Es erstreckt sich 2000 Kilometer entlang der australischen Ostküste und ist so gigantisch, dass du es vom Weltall aus sehen könntest.

Karte

Nördliche Marianen (USA)

Guam (USA)

Yap-inseln

Melekeok
PALAU

MIKRONES

Mikronesien

Karolinen

M e l a

INDONESIEN

Puncak Jaya 4884 m

Sepik

Mt. Wilhelm 4509 m

Bismarck-Archipel

Neuirland

Neubritannien

Bouga

Neuguinea

PAPUA-NEUGUINEA

Arafurasee

Fly

Port Moresby

Salomonen-see

Timorsee

INDISCHER OZEAN

Arnhem-land

Carpentaria-golf

Kap-York-Halbinsel

Großes Barriereriff

Korallen see

Große Sandwüste

Gibsonwüste

AUSTRALIEN

Great Dividing Range

Mt. Meharry 1251 m

Uluru (Ayers Rock) 863 m

Eyresee

Brisbane

Große Victoriawüste

Darling

Perth

Sydney

Große Australische Bucht

Adelaide

Murray

Canberra

Melbourne

Mt. Kosciusko 2230 m

0 km

Tasmanien

Fläche: 8,6 Millionen km²

Rekord: Der *Uluru* ist der größte Felsblock der Welt

Hawaii (USA)

Hawaii-Inseln

Mauna Kea 4205 m

Der **Vulkan Mauna Kea** auf Hawaii ragt zwar nur 4205 Meter über die Wasseroberfläche hinaus, vom Boden des Pazifiks erhebt er sich aber über 10 000 Meter. Somit ist er höher als der Mount Everest.

Was ist braun, hat Stummelflügel, kann aber nicht fliegen? Richtig, der **Kiwi**. Weil die Neuseeländer diese Laufvögel so süß finden, haben sie eine Frucht nach ihm benannt. Sich selbst nennen sie ebenfalls Kiwis.

PAZIFISCHER OZEAN

Palmyra (USA)

Kiritimati

ÄQUATOR

Linien-Inseln

Ozeanien heißen die 10 000 Inseln im Pazifischen Ozean. Nur etwa 2000 davon sind bewohnt, darunter Neuseeland und Neuguinea.

MARSHALL-INSELN

Bikini-Atoll

Majuro ★

n

e

s

i

South Tarawa ★

Gilbertinseln

Yaren ★

NAURU

Phönix-inseln

KIRIBATI

Marquesas-inseln

TUVALU

Funafuti ★

Tokelau (NEUSEELAND)

SALOMONEN

ra

Amerikanisch-Samoa (USA)

Wallis und Futuna (FRANKREICH)

SAMOA

Apia ★

COOKINSELN

Französisch-Polynesien (FRANKREICH)

Bora Bora

Tahiti

Gesellschaftsinseln

Tuamotu-Archipel

Neue Hebriden

VANUATU

Port Vila ★

Suva ★

TONGA

Niue (NEUSEE-LAND)

Avarua ★

FIDSCHI

Nuku'alofa ★

Rarotonga

SÜDLICHER WENDEKREIS

ien ICH)

Australinseln

Pitcairn (GB.)

Die Ureinwohner Neuseelands, die **Maori**, ritzen sich traditionell Muster in die Haut. Diese Tätowierungen nennt man „ta mako". Sie zeigen, wer zu welcher Familie gehört.

Einmalig! In Australien leben Tiere, die es sonst nirgendwo gibt: Das Rote Riesenkänguru, ein Beuteltier, das bis zu 12 Meter weit springen kann. **Koalas**, die stundenlang in Eukalyptusbäumen schlafen oder deren Blätter futtern. Das vielleicht ungewöhnlichste Tier ist das Schnabeltier, ein Säugetier, das auch Eier legt.

Kermadec-inseln

asman-see

Auckland ●

Nordinsel

Ruapehu 2797 m

1000

Wellington ★

NEUSEELAND

Mt. Cook 3754 m

Neuseeland. Alpen

Chatham-inseln

Südinsel

Auckland-inseln

Und hopps! Auf **Vanuatu**, einer Insel im Pazifik, springen Männer von einem 30 Meter hohen Holzturm: Sie sind dabei nur mit einer Liane am Fuß gesichert. →

Koalas

Fläche: 22,3 Millionen km²

Rekord: Der *Grand Canyon* ist die größte Schlucht der Welt

Nord- und Mittelamerika

Streunen Eisbären und Jaguare auf ein und demselben Kontinent? Ja, allerdings werden sie sich nie begegnen, außer vielleicht im Zoo. Denn der Erdteil Nord- und Mittelamerika ist gigantisch groß: Im Osten schwappt der Atlantik an seine Küsten, im Westen der Pazifik. Er reicht von der eisigen Polarregion im Norden bis in den schwül-heißen Süden.

Für Strandfans: Kanada hat mit fast 250 000 Kilometern die längste **Küstenlinie** der Welt. Mit etwas Glück kannst du dort Sattelrobben sehen, zum Beispiel in der Hudson Bay. ↑

1 Von Kanada im Norden bis fast nach Mexiko im Süden reicht die 4800 Kilometer lange Gebirgskette mit dem Namen **Rocky Mountains.**

2 Die **großen Seen** bilden eine natürliche Grenze zwischen den USA und Kanada. Ein Fünftel des gesamten Süßwassers der Erde steckt in diesen fünf Seen. Die spektakulären Niagarafälle verbinden den Erie- und den Ontariosee. ↓

Grönland

Barbeau Peak 2616 m

Ellesmere-Insel

Königin-Elisabeth-Inseln

Baffin Bay

Davisstraße

Mt. Odin 2147 m

Baffin-Insel

Hudsonstraße

Labrador-see

Labrador

Neufund...

Melvillesund

Victoria-Insel

Hudson Bay

Nelson

K A N A D A

Saskatchewan

Beaufort-see

Großer Bärensee

Großer Sklavensee

Mackenzie

R o c k y

Brookskette

Mt. Chamberlin 2749 m

Yukon

Alaskakette

Mt. Logan 5959 m

Küstengebirge

Mt. Robson 3954 m

A l a s k a

Denali 6194 m

Golf von Alaska

Aleuten

Mammutbäume sind die höchsten Bäume der Welt und die größten lebenden Pflanzen. Sie können mehr als 1500 Jahre alt, über 100 Meter hoch und mehr als neun Meter dick werden.

Neuschott-land

St.-Lorenz-Strom

▲ Mt. Washington
1917 m

Appalachen

ATLANTISCHER OZEAN

Auf diesen Rekord ist niemand stolz. In den USA gibt es mehr **Tornados** als in jedem anderen Land der Welt – etwa 1000 im Jahr, die meisten davon in der „Tornado-Gasse" im Mittleren Westen.

Oberer See

Huron-see

Michigan-see

Ontariosee

Niagara-fälle

Eriesee

VEREINIGTE STAATEN

Ohio

▲ Mt. Mitchell
2037 m

Missouri

Arkansas

G r e a t   P l a i n s

Mississippi

Küstenebene

Florida

Rio Grande

Östliche Sierra Madre

Westliche Sierra Madre

Missouri

Snake

Großes Becken

Großer Salzsee

▲ Mt. Elbert
4401 m

Death Valley

Grand Canyon

Colorado

Colorado Plateau

Sierra Nevada

▲ Mt. Whitney
4421 m

Küstenkette

Golf von Kalifornien

MEXIKO

Popocatépetl ▲
5462 m

Pico de Orizaba ▲
(Citlaltépetl)
5610 m

Tajamulco ▲
4220 m

Golf von Mexiko

Golf von Honduras

Yucatán

Panama-kanal

Nicaraguasee

Cerro Chirripó ▲
3820 m

PAZIFISCHER OZEAN

Bahamas

Kuba

Jamaika

Hispaniola

Puerto Rico

▲ Pico Duarte
3098 m

G r o ß e   A n t i l l e n

Kleine Antillen

Karibisches Meer

SÜDAMERIKA

0 km — 1000

Ganz gemächlich! **Faultiere** sind die langsamsten Säugetiere der Welt. Sie kommen gerade einmal zwei Meter pro Stunde voran. Damit sie nicht von Feinden gesehen werden, tarnen sich die in Bäumen lebenden Kletterer geschickt: Ihr Pelz ist grünlich von Algen, die in ihrem Fell leben.

Ist der **Walhai** ein Hai oder ein Wal? Ein Hai – und zwar der größte seiner Art. Er kann bis zu 12 Meter lang werden, so lang wie ein Schulbus. Gut, dass diese Giganten der Meere für uns Menschen harmlos sind, nicht jedoch für Krebse, Quallen und kleine Fische.

Der ewige Teenager! Der **Axolotl** sieht aus wie ein Fisch mit Beinen. Denn der Axolotl wird niemals erwachsen, er bleibt immer eine weit entwickelte Kaulquappe. Verliert er ein Körperteil, etwa ein Bein, wächst es innerhalb weniger Monate nach.

Länder und Leute

Nord- und Mittelamerika

Dieser Kontinent ist nach dem Seefahrer Amerigo Vespucci benannt, der Anfang des 16. Jahrhunderts vor den Küsten Nordamerikas segelte. Bald wanderten Millionen von Menschen in die neue Welt aus, wo sie sich ein besseres Leben erhofften. Andere wurden als Sklaven aus Afrika dorthin verschleppt. Heute gibt es keine Sklaverei mehr. Doch bestehen noch immer große Gegensätze zwischen armen und reichen Menschen.

Länderanzahl: 23
Bevölkerung: 546 Millionen

⚽ In Kanada heißt der Nationalsport **Eishockey**. Die Leute sind so verrückt danach, dass manche im Winter ihren Garten unter Wasser setzen. Wenn die Temperaturen sinken, haben sie die perfekte Eisbahn vor der Haustür. ↗

👁 Das Wahrzeichen Amerikas, die **Freiheitsstatue**, stammt aus Frankreich. Sie wurde dort vor über hundert Jahren gebaut, zerlegt und nach New York verschifft. Eine Gabe der Franzosen an die Amerikaner zum Andenken an die Amerikanische Revolution. ↗

ZUM KNOBELN!

1. Wie heißt die große Insel, die politisch nicht zu Amerika gehört?
2. Nenne die mittelamerikanischen Staaten, die auf einer Landbrücke Nordamerika und Südamerika verbinden!
3. Welche beiden Ozeane verbindet der Panamakanal miteinander?

Ein Schnäppchen: Russland verkaufte **Alaska** an die USA für gerade einmal 7,2 Millionen Dollar.

Grönland (DÄNEMARK)

KANADA

Calgary

Alaska (USA)

46

Blackbeards Schiff,
Queen Anne's Revange

**ATLANTISCHER
OZEAN**

**PAZIFISCHER
OZEAN**

VEREINIGTE STAATEN VON AMERIKA

San Francisco
Los Angeles
San Diego
Phoenix
Tijuana
Ciudad Juárez
Dallas
San Antonio
Houston
Chicago
Detroit
Toronto
Ottawa
Montréal
Boston
New York
Philadelphia
Washington

MEXIKO
Monterrey
Guadalajara
León
Mexiko-Stadt
Puebla

Miami

Bermuda (GB.)

BAHAMAS
Nassau

Havanna
KUBA

Kaiman-
inseln
(GB.)

Turks- und
Caicosinseln
(GB.)

Santo
Domingo
HAITI
Port-au-Prince

Kingston
JAMAIKA
**DOMINI-
KANISCHE
REPUBLIK**

Puerto Rico
(USA)

Britische
Jungfern-
inseln   Anguilla (GB.)
ANTIGUA UND BARBUDA
ST. KITTS   Guadeloupe (F.)
UND NEVIS   Martinique (F.)
ST. LUCIA   BARBADOS
DOMINICA
GRENADA
ST. VINCENT UND DIE GRENADINEN

Aruba (NL.)   Bonaire (NL.)
Curaçao (NL.)

**TRINIDAD
UND TOBAGO**

BELIZE
Belmopan
HONDURAS
Tegucigalpa
Guatemala-
Stadt
GUATEMALA
San Salvador **EL
SALVADOR**
NICARAGUA
Managua
San José
COSTA RICA
Panama-
Stadt
PANAMA

SÜDAMERIKA

0 km   1000

Nix für Zucker-
schnuten: Bereits
die **Maya und Azteken**,
frühe Indianervölker,
ließen sich Kakao schme-
cken. Allerdings war dieses
Getränk nicht süß, sondern
scharf. Sie würzten es mit
Pfefferschoten, nicht mit
Zucker.

Mexiko-Stadt,
die Hauptstadt von
Mexiko, ist mit etwa
22 Millionen Einwohnern
die größte Stadt Mittel-
amerikas und die
drittgrößte der
Welt.

Super-Abkürzung! Mitten durch
Panama führt seit 1914 der **Panama-
kanal**, eine der wichtigsten Wasserstraßen
der Welt. Schließlich erspart er den Schiffen,
die vom Atlantik in den Pazifik wollen, einen
Umweg von 15 000 Kilometern: Sie müssen
nicht mehr um Südamerika herumfahren.

Lust auf Echsen-Eintopf? In **El Salvador**
wird eine Echse namens Garrobo zu
Suppe verarbeitet. Sie soll magische Kräfte
besitzen – und sogar Tote erwecken.

Die Bahamas waren der ideale Ort für **Piraten**
wie den berüchtigten Blackbeard. Denn spanische
Galeeren segelten hier auf ihrem Weg nach Europa
vorbei. Sie hatten Gold geladen, das sie den Indianern
geraubt hatten. Blackbeard und seine Männer knöpften
es den Eroberern wieder ab.

Südamerika

Südamerika ist ein Kontinent zum Staunen, denn hier kannst du viele tolle Tiere und faszinierende Wunder der Natur entdecken: das längste Gebirge, die Anden, der größte Regenwald im Amazonasgebiet und die trockenste Wüste, die Atacama-Wüste. Außerdem liegt in dieser Weltgegend das größte Feuchtgebiet, das Pantanal. Hast du Lust auf eine Reise nach Südamerika? Mit dem Finger auf der Landkarte!

2 Der Salto Ángel ist mit 979 Metern **der höchste Wasserfall** der Welt.

Galápagos-Riesen-schildkröten sind die größten Schildkröten der Welt und die langlebigsten Tiere überhaupt. Manche von ihnen werden 180 Jahre alt.

Natur und Tiere

Fläche: 17,8 Millionen km²
Rekord: Höchster Wasserfall
Salto Ángel in Venezuela

1 Nur Zweiter? Der **Amazonas** ist mit 6448 Kilometern nach dem Nil der zweitlängste Fluss der Welt. Dafür führt er viel mehr Wasser als sein Konkurrent aus Afrika. Im wasserreichsten Fluss der Erde schwimmen sogar pinke Süßwasserdelfine.

1 Klein, aber oho: Die **Brasilianische Wanderspinne** gehört zu den giftigsten und gefährlichsten Spinnen der Welt. Das nur fünf Zentimeter kleine Tier verkriecht sich gerne in Schuhen. Wenn es sich bedroht fühlt, springt es seine „Beute" an und beißt kraftvoll zu. Ohne rasches Gegengift überlebt man so einen Spinnenangriff nicht.

ATLANTISCHER OZEAN

Rio Tocantins

Rio Araguaia

Rio Xingu

BRASILIEN

Amazonas

SURINAM

GUYANA

Bergland von Guayana

Pico da Neblina 3014 m

Amazonas-becken

Rio Madeira

Rio Negro

VENEZUELA

Orinoco

Salto Ángel

Rio Juruá

Maracaibo-see

L l a n o s

KOLUMBIEN

PERU

A n d e n

Nevado Huascarán 6768 m

ECUADOR

Chimborazo 6310 m

ÄQUATOR

Galápagos-inseln

2 Giftzwerg: Die Haut des **Pfeilgiftfrosches** enthält eines der stärksten Gifte der Erde. →

Amazonas-Regenwald: Nirgendwo auf der Welt leben so viele verschiedene Tiere und Pflanzen wie hier. Als „Grüne Lunge" ist der tropische Regenwald außerdem wichtig für das Klima auf unserer Erde.

Wald in Gefahr! Menschen holzen jedes Jahr riesige Gebiete ab, um sie als Felder zu nutzen.

Brasilianisches Bergland

Rio Grande

Pantanal

Iguazú-fälle

Río Paraguay

Río Uruguay

Río Paraná

URUGUAY

Río de la Plata

PARAGUAY

Gran Chaco

BOLIVIEN

Salar de Uyuni

Titicaca-See

Atacamawüste

3

PAZIFISCHER OZEAN

SÜDLICHER WENDEKREIS

CHILE

A n d e n

ARGENTINIEN

Pampa

Aconcagua 6960 m

Río Negro

Patagonien

Feuer-land

Kap Hoorn

Falkland-inseln

1000

0 km

3 Die **Atacamawüste** in den Anden ist die trockenste Wüste der Welt. An einigen Stellen ist seit Menschengedenken kein Tropfen Regen gefallen. Und doch wachsen dort Pflanzen! Sie ziehen Feuchtigkeit aus dem Nebel, der von der Küste heranwabert. →

Am Südzipfel der Anden in Argentinien liegt der imposante **Perito-Moreno-Gletscher.** Das Besondere an diesem 30 Kilometer langen Eisgiganten: Er wächst! Im Gegensatz zu vielen anderen Gletschern, die wegen des Klimawandels schmelzen. ←

Südamerika

Als der spanische Eroberer Hernando Cortés vor fast 500 Jahren in Südamerika landete, lebten dort Hunderte von Indianerstämmen. Die Europäer rotteten die meisten aus und damit auch ihre Sprachen. Deshalb wird heute in den meisten Ländern Spanisch oder Portugiesisch gesprochen. Du merkst schon: Südamerika ist ein Kontinent der Gegensätze. Riesige Länder wie Brasilien liegen neben Winzlingen wie Surinam. Reiche Menschen wohnen nicht weit von den Hütten der Armen. Doch etwas verbindet alle: Futebol – das ist Portugiesisch und heißt Fußball.

Siegeszug um die Welt: **Kartoffeln** kommen aus Südamerika. Sie werden heute auf fast allen Kontinenten angebaut und geliebt.

Holland in Südamerika? **Surinam** ist das kleinste unabhängige Land des Kontinents. Früher wurde es von den Niederländern regiert, deshalb spricht man dort noch heute Niederländisch.

Reich an **Bodenschätzen:** Die alten Inkas in Peru liebten das Edelmetall Gold. Bis heute wird es dort abgebaut – leider oft ohne Rücksicht auf die Umwelt.

Eine Rampe für Raketen: **Französisch-Guayana** gehört zu Frankreich und damit auch zur Europäischen Union. An der Atlantikküste liegt der Weltraumbahnhof Kourou. Von hier werden Raketen ins All geschossen. →

Galápagosinseln (EQUADOR)

ÄQUATOR

Guayaquil

ECUADOR

Quito

PERU

Cali

KOLUMBIEN

Bogotá

Medellín

Barranquilla

Cartagena

Maracaibo

Valencia

Caracas

VENEZUELA

Manaus

GUYANA

Georgetown

Paramaribo

SURINAM

Französisch-Guayana (FRANKR.)

BRASILIEN

Belém

São Luís

Fortaleza

Recife

PAZIFISCHER OZEAN

Salvador

Belo Horizonte
Rio de Janeiro

Brasilia
Goiânia

Guarulhos
São Paulo
Curitiba

Porto Alegre

PARAGUAY
Asunción

Santa Cruz
BOLIVIEN
La Paz
Sucre

ARGENTINIEN
Córdoba

Buenos Aires
San Justo

URUGUAY
Montevideo

CHILE
Santiago

SÜDLICHER WENDEKREIS

Falkland-inseln (G.-B.)

Südgeorgien (G.-B.)

0 km   1000

ZUM KNOBELN!

1. Welche zwei Länder haben keinen Zugang zum Meer?
2. Wie heißt diese Inselgruppe?

Die **Kayapò-Ureinwohner** in Brasilien kämpfen seit Jahrzehnten für den Schutz des Regenwalds und gegen den Bau eines riesigen Staudamms, der ihren Lebensraum gefährdet.

São Paulo ist die größte Stadt Südamerikas und hat etwa 12 Millionen Einwohner, vier Mal so viel wie Berlin.

Hoch oben in den Anden thront die berühmte Inkastadt **Machu Picchu** (sprich: Matschu Piktschu). Um 1450 wurde sie von den Ureinwohnern aus Stein erbaut und hundert Jahre später aus unbekannten Gründen verlassen. Dann hat der Urwald die Stadt so überwuchert, dass man sie über 400 Jahre lang vergessen hat.

Der berühmteste **Karneval** der Welt findet in Rio de Janeiro statt. Die Brasilianer und die Touristen feiern und tanzen eine Woche lang Tag und Nacht.

Fußball ist heute in Brasilien Nationalsport. Wusstest du, dass Charles William Miller, ein Engländer, im Jahr 1894 zwei Lederfußbälle aus Europa nach São Paulo mitbrachte? So steckte er die Brasilianer mit seiner Begeisterung fürs Bolzen an.

51

Arktis

Wenn du eine Expedition in die Arktis machst, wanderst du auf dicken Eisplatten, die auf dem Meer schwimmen. Taut dieses Eis, fällst du in das Nordpolarmeer, denn Land gibt es direkt um den Nordpol herum nicht. Zur Arktis gehören aber auch die Insel Grönland und Teile von Russland, Kanada und den USA.

Die Pole tauen! Die Arktis ist mit am schlimmsten von der **Klimaerwärmung** betroffen. Viele Forscher befürchten, dass bis zum Jahr 2040 das gesamte Gebiet im Sommer eisfrei sein könnte. Das hätte zur Folge, dass Tierarten wie Eisbär und Polarfuchs aussterben würden.

Himmelfeuer! In der Arktis kannst du im Winter ein faszinierendes Naturschauspiel beobachten: die Nordlichter. Diese Lichtschleier entstehen durch winzige Sonnenteilchen. Wenn die elektrisch geladenen Partikel zur Erde gelangen, reagieren sie mit der Luft und leuchten. Auch in der Antarktis gibt es dieses Spektakel, dort heißt es Südlicht.

Einhörner der Arktis: Die bis zu fünf Meter langen Stoßzähne dienen den **Narwalen** als „Super-Messgerät". Sie können damit etwa den Salzgehalt des Wassers untersuchen.

Wer macht das Licht aus? Am Nordpol ist es im Sommer sechs Monate hell. Dafür geht die Sonne im Winter nicht auf. Am Südpol ist es genau umgekehrt.

Großer Jäger: So nennen die Inuit, die Ureinwohner der Arktis, den **Eisbären**. Er wird bis zu drei Meter lang und ist damit das größte lebende Landraubtier der Welt.

Antarktis

An der Wostok-Forschungsstation wurde **die tiefste Temperatur** auf der Erde gemessen: minus 89,2 Grad Celcius!

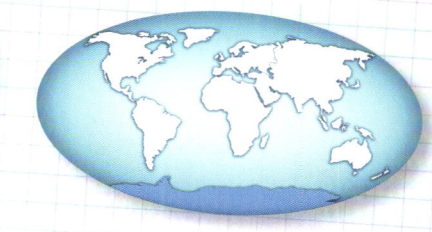

Magst du den Winter? Dann könnte die Antarktis, das Polargebiet rund um den Südpol, ein gutes Reiseziel für dich sein. Allerdings ist dieser kälteste aller Kontinente nicht dauerhaft bewohnt, denn hier wird es fast 90 Grad Celsius kalt. Die Landfläche ist von einer riesigen Eisdecke überzogen, die bis zu 5000 Meter dick ist.

Ein unbewohnter Kontinent: Nur einige Wissenschaftler leben zeitweise auf der Antarktis in **Forschungsstationen**, meist im Sommer. Touristen dürfen nur als Tagesgäste die Antarktis erkunden.

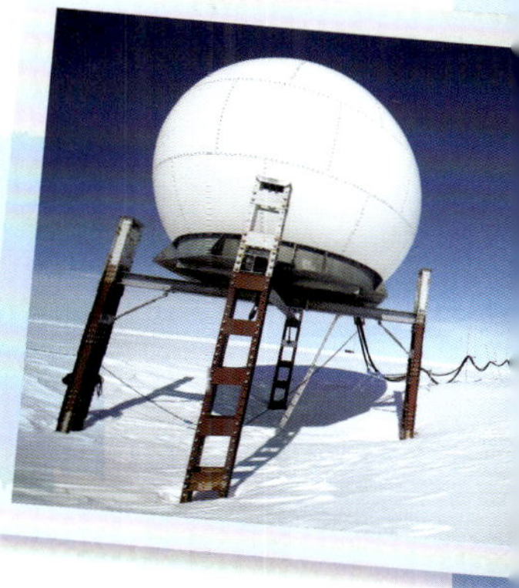

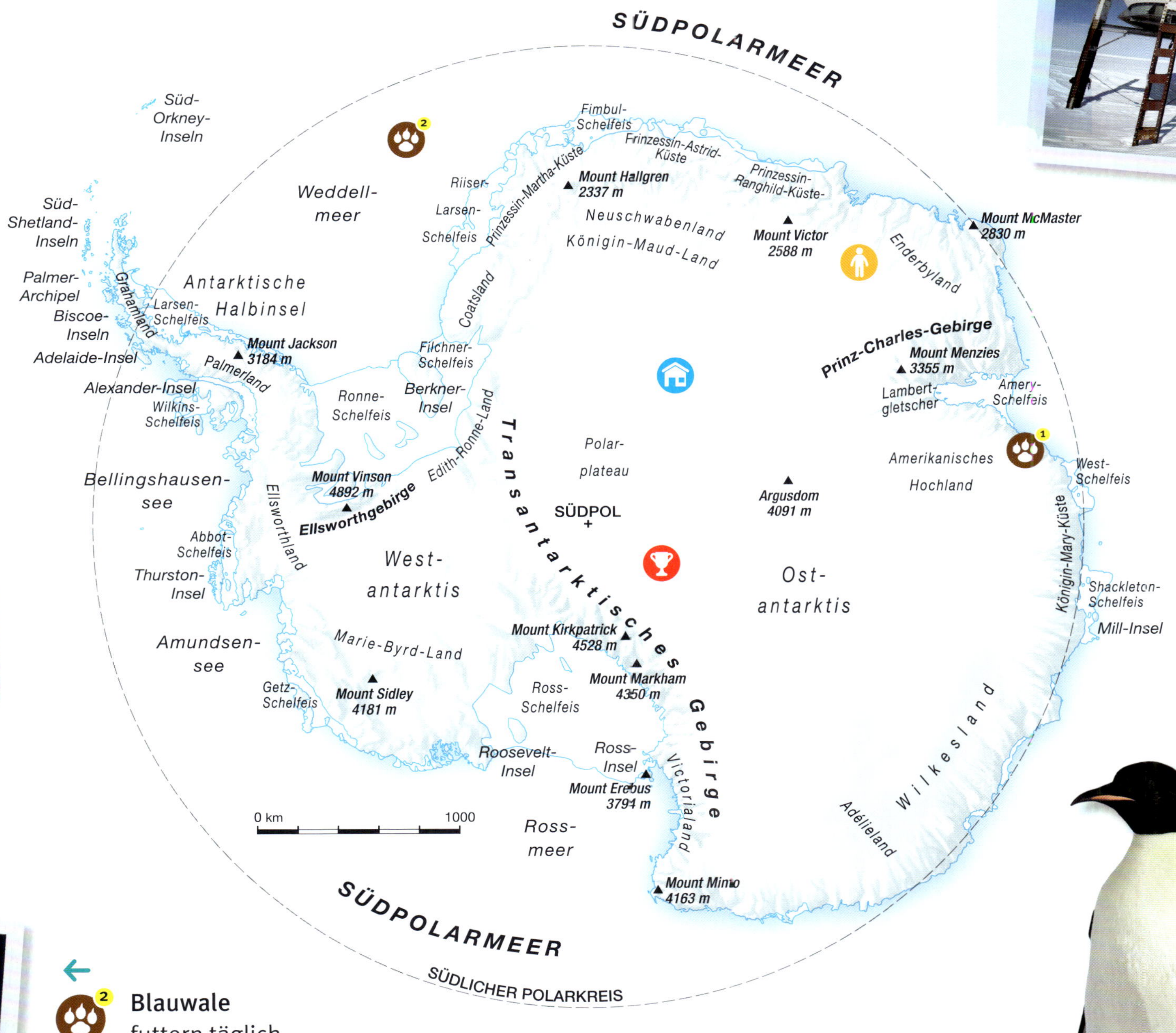

SÜDPOLARMEER
Süd-Orkney-Inseln
Weddell-meer
Süd-Shetland-Inseln
Palmer-Archipel
Biscoe-Inseln
Adelaide-Insel
Alexander-Insel
Grahamland
Larsen-Schelfeis
Antarktische Halbinsel
Mount Jackson 3184 m
Palmerland
Wilkins-Schelfeis
Bellingshausen-see
Abbot-Schelfeis
Thurston-Insel
Amundsen-see
Getz-Schelfeis
Mount Sidley 4181 m
Ellsworthland
Mount Vinson 4892 m
Ellsworthgebirge
West-antarktis
Marie-Byrd-Land
Ronne-Schelfeis
Berkner-Insel
Filchner-Schelfeis
Coatsland
Riiser-Larsen-Schelfeis
Prinzessin-Martha-Küste
Fimbul-Schelfeis
Mount Hallgren 2337 m
Prinzessin-Astrid-Küste
Prinzessin-Ranghild-Küste
Neuschwabenland
Königin-Maud-Land
Mount Victor 2588 m
Enderbyland
Mount McMaster 2830 m
Prinz-Charles-Gebirge
Mount Menzies 3355 m
Lambert-gletscher
Amery-Schelfeis
West-Schelfeis
Amerikanisches Hochland
Polar-plateau
SÜDPOL
Argusdom 4091 m
Edith-Ronne-Land
Transantarktisches Gebirge
Ost-antarktis
Königin-Mary-Küste
Shackleton-Schelfeis
Mill-Insel
Mount Kirkpatrick 4528 m
Mount Markham 4350 m
Ross-Schelfeis
Roosevelt-Insel
Ross-Insel
Mount Erebus 3794 m
Victorialand
Ross-meer
Mount Minto 4163 m
Wilkesland
Adélieland
0 km 1000
SÜDPOLARMEER
SÜDLICHER POLARKREIS

Blauwale futtern täglich bis zu sechs Tonnen Fisch und Plankton, also Mini-Pflanzen und Tierchen. Sie sind mit 30 Metern Länge die größten Säugetiere auf unserer Erde.

Reiselustige Gesellen: **Kaiserpinguine** wandern jeden Winter wochenlang zu ihren Brutplätzen im Inland. Nach der Eiablage watscheln die Weibchen zurück zum Meer, während die Pinguinpapas den Nachwuchs ausbrüten.

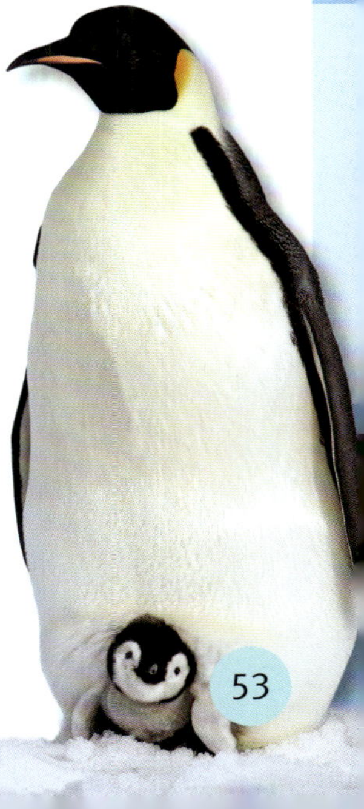

Flaggen der Welt

Albanien

Andorra

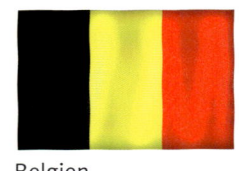
Belgien

Bosnien und Herzegowina

Bulgarien

Dänemark

Deutschland

Estland

Finnland

Frankreich

Griechenland

Großbritannien

Irland

Island

Italien

Kosovo

Kroatien

Lettland

Liechtenstein

Litauen

Luxemburg

Malta

Mazedonien

Moldawien

Monaco

Montenegro

Niederlande

Norwegen

Österreich

Polen

Portugal

Rumänien

San Marino

Schweden

Schweiz

Serbien

Slowakei

Slowenien

Spanien

Tschechische Republik

Ukraine

Ungarn

Vatikanstaat

Weißrussland

Afrika

Ägypten

Algerien

 Angola
 Äquatorialguinea
 Äthiopien
 Benin
 Botswana
 Burkina Faso

 Burundi
 Demokratische Republik Kongo
 Dschibuti
 Elfenbeinküste
 Eritrea
 Gabun

 Gambia
 Ghana
 Guinea
 Guinea-Bissau
 Kamerun
 Kap Verde

 Kenia
 Komoren
 Lesotho
 Liberia
 Libyen
 Madagaskar

 Malawi
 Mali
 Marokko
 Mauretanien
 Mauritius
 Mosambik

 Namibia
 Niger
 Nigeria
 Republik Kongo
 Ruanda
 Sambia

 São Tomé und Príncipe
 Senegal
 Seychellen
 Sierra Leone
 Simbabwe
 Somalia

 Südafrika
 Sudan
 Südsudan
 Swasiland
 Tansania
 Togo

 Tschad
 Tunesien
 Uganda
 Westsahara
 Zentralafrikanische Republik

Asien

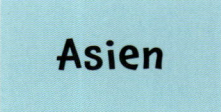 Afghanistan

 Armenien

 Aserbaidschan

 Bahrain

 Bangladesch

 Bhutan

 Brunei

 China

 Georgien

 Indien

 Indonesien

 Irak

 Iran

 Israel

 Japan

 Jemen

 Jordanien

 Kambodscha

 Kasachstan

 Katar

 Kirgisistan

 Kuwait

 Laos

 Libanon

 Malaysia

 Malediven

 Mongolei

 Myanmar

 Nepal

 Nordkorea

 Oman

 Osttimor

 Pakistan

 Philippinen

 Russland

 Saudi-Arabien

 Singapur

 Sri Lanka

 Südkorea

 Syrien

 Tadschikistan

 Taiwan

 Thailand

 Türkei

 Turkmenistan

 Usbekistan

 Vereinigte Arabische Emirate

 Vietnam

 Zypern

Ozeanien

 Australien

 Cookinseln

 Fidschi

 Kiribati
 Marshallinseln
 Mikronesien
 Nauru
 Neuseeland
 Palau

 Papua-Neuguinea
 Salomonen
 Samoa
 Tonga
 Tuvalu
 Vanuatu

Nord- und Mittelamerika

 Antigua und Barbuda
 Bahamas
 Barbados
 Belize
 Costa Rica

 Dominica
 Dominikanische Republik
 El Salvador
 Grenada
 Guatemala
 Haiti

 Honduras
 Jamaika
 Kanada
 Kuba
 Mexiko
 Nicaragua

 Panama
 St. Kitts und Nevis
 St. Lucia
 St. Vincent und die Grenadinen
 Trinidad und Tobago
 Vereinigte Staaten von Amerika

Südamerika

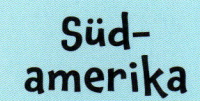 Argentinien
 Bolivien
 Brasilien
 Chile
 Ecuador

 Guyana
 Kolumbien
 Paraguay
 Peru
 Surinam
 Uruguay

 Venezuela

Lösungen: S. 22
1. An der Ostseeküste
2. Pyrenäen, Alpen, Karpaten, Ural, Apenninen, Kaukasus
3. Die Wolga mündet in das Kaspische Meer.
S. 27
1. Es handelt sich um die Kapverdischen Inseln.
2. Der Victoriasee ist der größte See Afrikas und der zweitgrößte Süßwassersee der Welt.
3. Der Nil mündet in das Mittelmeer.

S. 33
1. Es handelt sich um den Südosten der Türkei.
2. Es sind insgesamt 36 (die Hauptstadt Neu-Delhi hat lediglich 250.000 Einwohner).
3. Die Hauptstadt Aserbaidschans ist Baku.
S. 37
1. Mit der Hauptstadt Moskau sind es zwölf Millionenstädte.
2. Wladiwostok

S. 46
1. Grönland gehört politisch zu Dänemark.
2. Guatemala, Belize, El Salvador, Honduras, Nicaragua, Costa Rica, Panama
3. Der Panamakanal verbindet den Pazifik mit dem Atlantik.
S. 51
1. Bolivien und Paraguay
2. Abgebildet sind die Galápagosinseln.